가는 이여
가는 이여

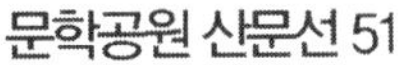

바람에게 길을 묻는가
구름에게 길을 묻는가

가는 이여 가는 이여

글 · 우제학

우리는 어둠 저 너머 그 무엇을 두려워하나
나는 묻는다 가슴에게 묻는다
가는 이여

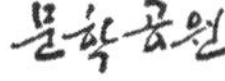

책을 펴내며

"왜 사냐 건 그냥 웃지요"

어느 시인의 말입니다. 내가 평생을 살아오며 묻고 또 묻고 한 질문입니다. 하지만 지금도 답을 찾지 못했습니다. 아마도 죽을 때 까지 찾지 못할 것 같습니다. 그래도 괜찮습니다. 답을 구하지는 못했지만 어떻게 살아야 되는지, 또 생각대로 살았는지 되돌아보면 구십점은 줄 수 있습니다. 비교적 내 삶에 만족하고 크게 후회도 없습니다. 요즘 돌아가신 부모님을 꿈에서 자주 봅니다. 반갑고, 내가 부모님을 만날 날도 멀지않았다는 생각을 합니다. 잘 사는 게 무엇인지 또 행복이 어떤 건지 아직도 모르지만 그래도 난 마음이 편합니다. 지금까지 써온 글을 모아서 문집을 내면 아마 이 세상에서 내가 하고 싶었던 일 대다수를 합니다. 물론 하고 싶었지만 능력이 따라주지, 않아 혹은 삶의 운이 없어 하지 못한 것이 있지만 이제는 그것이 무엇인지 조차 기억이 없습니다. 예전에 중요하다고 고민한 일이 시간이 지나고 나면 별거 아닙니다. 그저 재미나게 사는 것이 답이라는 생각으로 삽니다.

글쓰기를 좋아했지만 글을 써서 밥 먹을 자신이 없어서 딴 일을 하고, 그래도 미련이 남아 조금씩 글을 쓰고 조금 배우기도 했습니다. 돈을 주고 사볼 가치가 있을는지는 자신이 없습니다. 하지만 평생을 살면서 생각하고, 느끼고, 경험한 일들을 나름 문학이라는 틀로 정리한 책입니다.

제가 가장 좋아하는 시가 그리스 여류시인이 쓴 "잊은 것은 아니련만"이라는 시로 이 책을 만든 이유를 대신하겠습니다.

잊은 것은 아니련만

사포오

높다란 가지에 걸려있어
과실 따는 이 잊고 간
아니 잊은 것은 아니련만
단지 얻기 어려워 남겨놓은
빨간 능금처럼

CONTENTS

1부 詩

2부 短篇小說

CONTENTS

3부 隨筆

4부 紀行文

1부
詩

가는 이여

바람에게 길을 묻는가
구름에게 길을 묻는가

혹은
해에게 길을 묻는가
별에게 길을 묻는가

우리는 어둠 저 너머
그 무엇을 두려워하나

나는 묻는다
가슴에게 묻는다

가는 이여

채비

어머니는 화전을 붙이고
난 진달래 꽃잎을 먹고 있습니다
삼촌은 긴 작대기에 여린 나뭇가지를 동그랗게 말아
처마 및 거미줄을 훔쳐다가 멋진 잠자리채를 만들어 주었습니다
우물 안의 물은 개구리와 함께 먹습니다

난 어느새 멱을 감고 있습니다.
두 손으로 땅을 짚고 머리를 최대한 위로 한 채
헤엄을 치고 있습니다

오래전 기억을 꿈이 불러냈습니다
새삼스레 어머니가 많이 보고싶습니다

돌아갈 때가 가까워 오나 봅니다.
이제 조금씩 채비를 해야겠지요

이번 여행은 조금 오래 걸릴 것 같습니다

그저 그렇게

큰 꿈을 꾼 사람이나
작은 꿈을 꾼 사람이나
꿈에서 깨어나면 모두가 허망한
꿈이거늘

높은 산은
하늘을 나는 새나 인간 모두에게 장애물이지만
새는 돌아가고
나는 오른다

본래 구름 위의 공간은
여백이어야 하나
나는 그것마저 내 것으로 만들었다

아이들에게 백만 원은 헤아릴 수 없는 큰돈이지만
나에게는 그저 백만 원일 뿐

지난 시간을 반추하여 보니
한낱 봄꿈인 것을

이제는 물처럼 바람같이 때로는 봄볕으로

그저 그렇게

은퇴

1.
화려한 장미보다 이름 모를 들꽃이
더 예쁜 나이가 되었다

시간을 버리고
별을 얻었다

편리함을 놓으니
아침 해를 볼 수 있다

바쁘다는 핑계로
그동안
잊고 살았던 것들이
보이기 시작한다

방아깨비 메뚜기 나비 달팽이
강아지풀 맨드라미 달맞이꽃

아직
어느 것이 더 소중한지

판단하기는 이르지만

새로운 삶이 시작된 것은
분명하다

2.
나비가 희롱하는 늦은 가을날
따듯한 볕을 옆에 끼고
연잎 차 한 잔을 마신다

이 따사로움이
차 때문일까
볕 때문일까

어제 다 뽑지 못한
저 풀은
이제 내버려두련다

내일은
찬바람이
해결해주겠지

평상 위에 널브러진
고양이만큼이나

늘어지고 늘어져서

이 한가한 오후를
온전히 내 것으로 하련다

3.
이른 아침 숲길을 걷다가 마실 나온 달팽이를 밟을 뻔 했다
허리를 숙여 달팽이에게 물었다
"조심해야지, 방금 내가 너를 밟을 뻔 했어
그러면 아마 네 작은 집은 부서지고 너는 죽었을 지도 몰라"
그러자 달팽이가 대답했다
"나는 내 갈 길을 갔을 뿐이야 조심해야 할 사람은 당신이야"
나는 다시 물었다
"네가 지금 풀숲을 나와 사람이 다니는 길을 가고 있잖아"
달팽이가 대답했다
"이 길이 사람들이 다니면서 생겨난 길 인거는 맞아
하지만 여기는 숲이고
난 그저 이 길을 건너기 위해서 가고 있었어
이 길이 사람만의 길은 아니잖아"
"그래 네 말이 맞아 더불어 살아야지 하지만 조금 빨리 다녀"
우리는 각자의 길로 갔다
만약 내가 달팽이를 밟아 죽었다면
내 잘못일까 달팽이의 잘못일까

4.
어제 새로 추리닝을 장만했다
집에 있는 삼선 쓰래빠를 신으면
“백수 패션의 완성”

따로 또 같이

매화꽃이 피던 날
우리는 하나라는 믿음으로 시작했지
하늘은 푸르렀어

땡볕의 한낮을 지나며
간혹 이게 아닌데 생각도 했지만
난 잊지 않았어 그 푸른 하늘을
난 믿었어 우리는 한 몸이라는 것을

빨간 사과가 나무에서 떨어져 나갈 때
사과만 떨어진 것이 아니었어
내 마음 한 구석도 같이 했어

이제야 알았지
연리지 나무도 하나처럼 보이지만
뿌리가 다르다는 것을
따로 또 같이

시(詩)

시인이라 불리우는 사람이
끄적거린 짧은 글

말도 안 되는 단어의 조합이
그럴 듯하게 보이는 문장

무슨 의미인지 잘 모르겠으나
자꾸 읽다 보면 왠지 알 것 같은 글

단어로 그린 그림 혹은 마음
쉬운 말을 어렵게 풀어 놓은 활자

내 삶에 사이다 같아서
목마름에 마시지만 갈증만 더할 뿐

그리움 하나 미움 하나 연민 하나
거기에 관념을 적당히 뿌려 버무린 글

살아보니

살아보니
완장 그거 별 거 아니더라
무겁고 거추장스럽고 가까이 하기 힘들더라

살아보니
금덩이 그거 별 거 아니더라
하루 세끼 먹는 거 똑같고
좋은 것도 오래하니 그냥 그렇더라

살아보니
넓은 집 그거 별거 아니더라
누워 자는데 한 평이면 충분하고
넓은 거 채우려니 힘들고 안채우면 허전하고
그냥 적당한 게 좋더라

살아보니
역시 가족이 소중하더라
미우나 고우나 끝까지 옆에 남을 사람

살아보니

제일 소중한 건 결국 나 자신이더라
내가 날 사랑하지 않으면
누가 날 사랑하겠나

살아보니
또 나만큼 좋은 건 배려더라
내가 남을 위하니 남도 나를 위하더라

살아보니
결국은 혼자더라

달 없는 밤

달빛도 없고
별빛도 없다
이런 밤
예전에는 꼬리 아홉 달린 여우가
불빛으로 길 잃은 사람을 현혹해
잡아먹었다고 한다

지금은 여우가 많다
많아도 너무 많다
그래서
불빛도 많다
그래서
그 빛으로 길 잃은 사람은
길을 찾고

불쌍한 여우는
무얼 먹고 살까
아마도 시장에 가겠지

나

얼마나 왔을까
얼마나 지났을까

얼마나 더 가야
내가 보일까

뒤돌아보니 내가 있다
단지 돌아보았을 뿐인데

당신이 누구냐고 묻길래
나라고 대답했다

향

향을 피웠다
냄새가 금세 좁은 방안을 가득 채운다

명주실 같은 희고 가는 연기가
살포시 오르다 이내 사라진다

내 생각을 모아
저 향불에 실어보낸다

사랑했던 이도 미운 사람도
그동안 풀지 못했던
왜 사는 지까지도
모두 내려놓자

온전한 나까지 비우자
남는 건 빈 껍데기뿐

그마저도 지우면
좋으련만

해와 달

해가 뜬다
미처 숨지 못한 달은
세상의 가장자리에서
잠시 숨어보지만

달의 차가움은
미쳐 숨길 수 없어

저 푸르른 빛을
나는 보았다

딱따구리

회사 화장실에는 딱따구리가 산다
딱딱 따딱 딱딱딱 따다닥
대개는 한 마리지만
가끔은 세 마리가 동시에 울기도 한다
저마다의 얘기를 알리려고
나 여기 있다고
나를 알아달라고
지금도 딱따구리가 운다
한 나무를 사이에 두고 운다

어제

어제는 없었다 분명히
사무실 앞 진한 초콜릿을 비빈 아스팔트와 보도블록이 만나는 지점
30미터에 걸쳐 이름조차 얻지 못한 것들이 길게 키재기한다
밝은 초록빛은 그렇게 5밀리미터의 틈새에 일렬로 서있다
작년인가 큰물이 지나간 뒤 차도와 보도는 의견을 달리했다
아주 조금
그 사이 부끄러운 속살을 내보이고 바람은 어김없이 그 틈새에 자신을 드러낸다
여기 있다고
뽑아서 주위에 맞출까 냅둘까
귀찮다
내일 찬바람이 불면 저 녹색은 변심을 하고 사라지겠지
어제처럼

나무

나무가 내게 말을 걸어온다

너는 좋겠다
두 다리가 있어서
어디든 갈 수 있잖아

난 언제나
이곳에 있어야 해

나도 한 걸음이라도 떼어서
다른 세상을 보고 싶어

많이 심심한가 보구나

아니
옆에 친구도 있고
까치는 거의 매일 찾아오고
가끔은 뻐꾸기 부엉이가 오기도 해

여름엔 매미가 계속 얘기해주고

개미랑 나비 가끔은 개구리도 찾아와

그리고 참 바람이 와서
먼 세상 예기를 들려줘

그래도 내가 들은 세상 얘기를
직접 보고
다른 친구에게

아니
내 자식에게 얘기하고 싶어

낮달

남산을 넘어 해방촌을 지나 출근을 한다
어제 보았던 달이
아직 그 자리에 있다

희다 차갑다
이제 그만 만나요 하던 너의 마음이다

오백 원 동전을 꺼내 든다
트롬본처럼 앞뒤로 옮기며 달을 가려본다
낮달은 오백 원짜리보다 커졌다 작아졌다
변신을 한다

내 손 끝에 학 한 마리
저 끝엔 토끼 한 마리

낮달은 그냥 거기 있는데
나만 모른다

잠자리 날다

오합지졸이었다
수는 많았지만
어떠한 편대도 이루지 못했다
아래로 날고 왼쪽으로 틀고 가만히 있기도 하고
맴돌기도 하며
하지만 그들의 비행술은 놀라웠다
그 작은 공간에 그 많은 잠자리가
아무런 방향도 없이 움직여도
시비 거는 아이도 없다
그들은 다른 극성을 가진 자성체처럼
가까이 다가가다가도 어느새 멀어지며
날고 있다
아름답다! 그들의 투명한 날개만큼이나
높은 하늘만큼이나
가볍다

단풍

단풍이 고운 줄 알았다
단풍은 나무에 골고루 물드는 줄 알았다

멀리선 본 단풍은 고왔다
하지만 단풍은 고르게 물들지 않았고
잎새는 야위고 비틀린다

가까이서 지켜본 단풍은
아름답지 않았다
까칠해지는 피부와 늘어가는 주름처럼
단풍도 나이 들었음의 또 다른 표현일 뿐

나비는 죽었다

허름한 골목 중림 영양탕집 블럭담 옆
맨드라미 위의 나비
언제부터인가 그곳에 있다

날개를 펼친다 해가 돋는다
날개를 접는다 아무것도 없다
날개를 편다
세상이 열린다
알몸을 드러낸 여인
용과 구름과 바람 돌 나무…
언제부터인가 그곳에 있다

나비는 파란 피를 쏟고
등에 대못이 박힌 채
언제부터인가 그곳에 있다

파란 이브의 손만이
이유를 알고 있다

터널

물끄러미 창밖을 봅니다
기차는 터널을 지나며 또 하나의 나를 보여줍니다
깊게 패인 이마
처진 눈썹과 눈밑살
그리고 입 아래까지 내려온 팔자주름
참 오래도 써먹었습니다
지친 눈가엔 그저 무심만이 보이고
굴을 지나니
그 마저도 없습니다

가면

나는 안다
그의 잘 다려진 예비군복 속의 밥알처럼
눌려진 자존심을

육군 병장 김제후
제후처럼 살라는 부친의 염원을 담아

그가 왜 휴가 때 낙하산 마크를 달았는지
왜 파 써는 귀신인지
전역 앨범이 남들보다 화려한지
병장시절 사진만 있는지

나는 안다
지금 그가
침 튀기는 이유를

산행

니체를 읽고
사르트르와 함께
산을 오른다

허기진 배를 채우기 위해
국밥을 말아먹고
비를 그으며
잠시

서편에 선 무지개에 취해
잠시

새끼 돼지 두 마리에게
고구마 한 쪽씩 나눠주며
또 잠시

어느새 웃자란 억새가
앞을 흐린다

산이 거기 있는데

주저주저
잠시

새벽의 자유로

백삼십 킬로미터, 발의 무게만으로 미끄러진다
앞에도 검은색 흰 줄무늬 뒤에도 흰 줄무늬 검은색
나는 달린다 나는 그 자리 뫼비우스의 띠

그놈이 눈을 치켜뜨지 않았다면
난 그를 몰랐고
눈을 부라리지도 않았다 거기 있었기에

일산대교란 커다란 우주선이 앞에 있다
올라타야 한다
백사십 백육십 백칠십 우주선은 살짝 다리를 들어 나를 피한다

아가리다 끝이 보이지 않는다
뽀얀 우유를 내뿜는 눈깔
검은 망토
그곳은 터널이다

나는 간다 아니 네가 간다
난지 넌지 누군지 간다
가기는 간다

아쉬움

서버린 시계가
재촉하네
서두르라고

갈색
은행잎이
말하네
함께 하자고

이제 막 설거지를 마쳤는데
당신을 사랑할 것 같은데

바람은 나를 붙잡아
그만하라고
Time over라고

칠 곱하기 칠

소가
산을 지고 간다

내가 가고
전신주가 가고
플라타너스가 간다
눈가리개(blinker) 한 말이 간다

산을 내려놓고
넥타이 풀고

한 걸음 떼고
뒤돌아보고

하얀 낮달이 비치는
알 수 없는 얼굴로
나는 간다

당신

지금은 당신을 사랑할 때입니다
배부른 달이 대추나무에 앉아 쉬고
해는 아직 지친 몸을 뉘고 있죠

아쉽고 부끄러워 차마 다하지 못한 말
이제는 하렵니다

하얀 달빛마저 따사롭게 느껴지는
지금이 당신을 사랑할 때입니다

힘겹게 넘어온 고갯마루를 뒤돌아보며
되돌아가고 싶지 않은 미소로
맛있게 준비한 저녁에 손이 가지 않는
지금이 당신을 사랑할 때입니다

더는 당신을 사랑할 수 없을 것 같기에
지금 난 당신을 사랑하렵니다

한강 강변북로

한강은 참 예쁘다
그리고 크다
노을 지는 초저녁 금빛 물색은 잠시 말을 잊게 한다
물은 위에서 아래로 흐른다
진리
물빛은 산란하고 파도는 거꾸로 간다
바람과 함께

빨간 줄 세 개 노란 줄 세 개
강 양옆으로 여섯 줄이 나란하다
물빛을 가두기에 하나는 부족해
둘, 셋… 여섯 줄

한강은 오늘도 어제처럼
바람이 밀고 달이 끌고
간다

안개

안개는 분명 사내놈일 것이다
안개는 항상 정강이와 팔목을 땅에 대고
낮은 포복으로 기어온다
아무 소리 없이 살며시 다가와
주위의 모든 것을 품어버리지만
저 흉물스런 아파트의 지붕을
품기에는 힘에 벅찬 모양이다

설레임

나는 매일 기차를 탄다
살짝 달뜬 마음으로
기차에 오른다

오늘은 나에게 어떤 운이 있을까
내 옆자리의 젊고 아름다운 처자를 기다리며
이렇게 볕이 따가운 계절이면
살이 많이 보이기를 기대하며
기차에 오른다

뭐 그리 중요하지는 않다

기대에 못 미쳐도, 아니 꽝이어도

그래도 찰나의 기쁨을 느끼기 위해
오늘도 부처의 미소를 하고
기차에 오른다

2부

短篇小設

야합

추적추적 내리는 비는 막바지 더위를 데려가려는 듯 인수의 목덜미를 핥고 지나간다. 습하지 않은 것이 제법 시원하다. 시계는 새벽 3시 40분을 가리키고 있다. 어젯밤 10시 이 열차를 이용해 서울을 찾는 승객들은 거의 이 칙칙한 어둠만큼이나 무거운 몸을 의자에 기대고 졸거나 아니면 초점을 맞추지 않은 시선으로 창밖을 볼 것이다.

열차는 빠르게 새벽 공기를 가르며 영등포역으로 향하고 있다. 100와트의 할로겐램프 빛이 비에 젖은 철길에 반사되어 부딪치며 미끄러지듯 열차 뒤로 사라진다.

"영등포 영등포 93열차 이상."

"93열차 영등포 이상."

"영등포역에 진입중인데 사상사고가 발생한 것 같다."

"차를 세우고 살펴보겠다, 이상."

"93열차 정차를 허가한다. 살펴본 후 연락바란다, 이상."

김인수는 방금 희끗한 물체가 열차로 달려드는 모습을 보았고 물컹한 느낌에 급제동을 걸었다. 그의 경험상 무엇인가를 치인 것이다. 기관차의 윈도우브러시는 할딱이며 쉼 없이 움직이고 있다.

"기수야 나는 왼쪽을 맡을 테니까 너는 오른쪽을 맡아라."

인수는 모자를 깊게 눌러쓰고 숨을 깊게 들이마시고는 랜턴을 들고 차에서 내렸다.

서울로 향하는 열차 안에서 진수는 무거운 마음을 지울 수 없었다. 중앙선 구둔역의 부역장으로 있다가 큰물에서 놀아야 한다는 선배의 반강제 권유와 추천 그리고 반복되는 일상의 단조로움에 지루해 할 때다.

새로운 경험과 어차피 한번은 거쳐야할 자리라는 판단에 안전실의 사고 조사팀으로 온 지 6개월이 다 되어간다. 하지만 누군가의 잘 잘못을 가리고 벌을 주고 하는 일이 정직하지만 소심하고 성실한 그에게는 어울리지 않았다. 그리고 이번일은 내가 담당하는 구역도 아닌데 실장이 조용히 불러서 정상적인 사고조사를 하라는 것도 아니고 현황을 파악하고 별도의 보고를 요구했다.

진수가 본사에서 읽어본 사고 개황은 간단했다. 이번 영등포역 사상사고는 구로동에 사는 청량리기관차 사무소 소속 기관사가 술에 취에 선로를 횡단하다 열차에 접촉해 사망한 사고로, 사망자가 기관사라는 것 이외에는 특이한 사고도 아니고 지역 사고조사반에서 처리할 내용이었다.

서울에 도착한 진수는 지역 안전실에서 사망한 기관사가 한 달 전에 중앙선 도농 ~ 덕소 간에서 발생한 열차 추돌사고의 사고 기관사로 현재 직위해제 중에 있으며 곧 징계위원회에 회부될 예정이라는 것, 사고보고서를 읽어 보고 지역 안전실의 이야기를 들어보니 접근하기 쉽지 않은 일이었다. 사고 기관사가 1차 조사에서 다른 분야의 약간의 문제는 있었지만 비가 내려 제동거리가 평소보다 길어져 좀 더 일찍 제동을 걸어야 했는데 그러지 못한 자신의 실수를 인정하여 쉽게 마무리되었다.

이후 시간이 지나고 자신이 징계에 회부되니까 자신의 실수가 아니라 차량 제동장치에 문제가 있었다. 자신의 진술은 사고에 정신이 없고 당시 주눅이 들어 지역 안전실의 의견에 동의했지만, 지금은 인정을 할 수 없다. 이에 재조사를 요구했지만 안전실에서 이를 받아들이지 않아 자신의 결백을 증명하기 위해 자살을 했다는 얘기다. 유서가 발견 되지 않아 입증할 수 없지만 그의 동료들은 그렇게 알고 있으며 지금 청량리 기관차사무소에서 작은 동요가 일고 있다는 것이다.

진수는 자신이 왜 조용히 이 일을 처리해야 하는지, 또 자신이 선택된 이유를 알 것 같았다.

"지부장님 오랜만에 뵙습니다."

"어 이거 배주임 오랜만이네 그래 본부에서 근무한다는 얘기는 들어서 알고 있네."

"그래 새로운 곳의 근무는 어떤가?"

"지낼 만합니다."

"나를 보러 일부러 온 것은 아닐 테고 무슨 일인가?"

"예. 수도권에 안전점검 나왔다가 일이 일찍 끝나서 선배님 보고 가려고 들렸죠."

"그래 잘 왔네. 반가워!"

"들어오면서 보니까 죽은 강만식 기관사 얘기로 시끌시끌하던데요."

"……."

순간 지부장의 눈 왼쪽 눈꼬리가 살짝 올라가며 두 겹의 턱이 흔들리며 입을 달삭거렸다.

"진수야, 실장이 보냈냐?"

"…… 예."

"사람을 잘 골랐군. 내가 너를 안지 한 10년 되지."

"예, 처음 입사해서 어려움을 겪을 때 저에게 큰 도움을 주셨죠. 선배님! 말 돌리지 않겠습니다. 어떻게 처리할 계획이세요?"

"이번 일은 답이 없어! 분명히 차량 결함은 있었다. 하지만 전체 차량에 문제가 있었던 것은 아니고, 인수 차량의 대략 20%정도 차량 제동장치 부품에 문제가 있어 제동거리가 길게 나오지. 사고 뒤에 제작회사에서 납품한 나머지 기관차 제동장치를 점검해서 일부는 수선을 했어. 문제가 없다면 그런 행동을 할 리가 없지. 하지만 사고 직후 강만식이가 제동을 늦게 잡았노라고 시인하는 바람에 사고 기관차는 바로 수선을 들어갔어. 수선이 끝난 지금 그 차량이 결함이 있었다는 것을 입증할 방법이 없어."

"그래서요 선배님?"

"강 기관사가 죽은 후 내가 소장을 만났지 그리고 따지고 들었네. 제작회사에 제동장치를 납품한 하도급 업체에서 기계 고장으로 일부 문제가 있는 부품이 납기일에 맞추기 위해 그냥 납품된 사실을 알고 있고, 추돌사고의 원인이 제동장치 결함에서 발생했고 강 기관사는 문제가 없다고. 박대수 소장 자네도 알지 나쁜 쪽으로 머리 잘 돌아가고, 쩨쩨하고, 손에 지문 없기로 유명한 사람 그런데 그 사람이 대차게 나오는 거야 차량엔 문제가 없다고. 자네 카드 할 줄 아나 세븐

말일세."

"예, 조금 합니다."

"자, 내가 세븐에서 6구째 카드를 받았어. 나는 바닥에 투 페어를 깔고 있고 상대는 같은 무니가 3장 보이지. 자네 같으면 어떻게 개임을 운용 할텐가?"

"상대가 풀 하우스를 잡았는지 아직 못 잡았는지 내 카드는 집으로 보이니까 죽으라고 풀 배팅을 할 것입니다"

"그렇지. 나도 풀 배팅을 했지. 그런대 소장은 받고 더 세게 나오는 거야. 그는 내 카드를 인정 못하고 자기 것은 풀 하우스로 인정해 달라는 거야. 순간 망설였지 그리고 꺾었어."

그는 한동안 말이 없었다. 그리고 다시 입을 열었다.

"이번일은 심증은 가지만 물증이 없어 아니라고 우기면 내가 반박할 방법이 없는 거야. 그리고 한 가지 제안을 하더군. 그동안 줄기차게 요구했던 노조의 일상적인 교육시간을 시간외 수당으로 인정할 수 있도록 하겠다는 거야. 후생복지 몇 가지를 포함해서……."

"그렇다면 이번일은 덮어두는 것입니까"

"이길 확률이 적은 승부에 미련을 두지 않고 또 이미 죽은 한 사람의 명예보다는 전체 조합원의 이익을 택했네."

"예전 선배님답지 않은 판단이네요."

"그렇지."

"세월이, 자리가 나를 투사에서 협상가로 변화시켰지."

어제 비가 와서일까 아니면 가을을 재촉하는 계절 탓일까 하늘은 푸르다 못해 시리다. 진수는 내장 깊숙한 곳에 돌이 들어있는 답답함과 메스거움을 느끼며 지부장 사무실을 나왔다. 아직 해가 많아 상갓집으로 가기에는 이른 시간이다.

진수는 사고 기관사 김인수와 전화 통화로 만나기로 약속을 하고는 수색으로 향했다. 김인수 기관사는 근무를 마치고 차에서 내렸는지, 넥타이가 조금 틀어지고 땀이 번진 셔츠에 충혈된 눈으로 진수를 맞았다.

"많이 힘드셨죠"

"가끔 있는 일입니다."

"사고조사를 하려고 온 것은 아닙니다."

"당시 상황을 자세히 듣고 자살인지, 아니면 단순히 술에 취해 발생한 일인지 알고 싶어서요."

"김 기관사님! 강만식 기관사 발인이 내일인데 상가에는 다녀오셨는지요? 안 가셨다면 제가 저녁에 갈 건데 같이 갈까 해서 뵙자고 했습니다."

"자네, 기관사 출신 아니지?"

"예, 운수직입니다."

"내가 거길 가서 무어라 말 하겠나"

"'내가 당신 남편을 치었소. 내가 죽일 놈입니다 용서해주세요.' 그럴까? 그러면 그쪽 슬픔이 풀릴까? 아니야. 내가 망자를 두고 이런 말 하는 것이 예의가 아니지만 왜 내 차로 뛰어드느냐고 죽을 것을 뻔히 알면서. 자네 죽은 사람 시신을 수습해 보았나? 열차에 치어죽은 시신 대부분이 형체를 알 수 없지 몇 토막이 나는 것은 기본이고,

마치 그림 맞추기 퍼즐을 하듯 시신을 모으는 것이 어떨 것 같은가? 이 사람아. 사람을 잡으면 사흘은 제대로 식사를 못해. 또 그 일이 잊혀지기까지 얼마나 힘든 고통을 느끼는 줄 아나? 이번처럼 동료를 보냈을 때 그 어려움을 자네가 알아? 내가 피해자야!"

김인수 기관사의 눈가가 젖어오는 것을 보며 진수는 더 이상 말을 잇지 못했다.

"내가 얘기 하나 해주지. 제천 기관차사무소에 근무할 때 나와 입사 동기였던 친구가 있었지. 일찍 결혼을 해서 예쁜 아들도 하나 두고 화목한 가정을 꾸리고 살았지. 그 친구 집이 제천역 부근이었는데 그 친구는 출무를 할 때 아내한테 제천역 통과 시간을 알려주면 아내는 아들을 데리고 철길 가에 나와서 손을 흔들어 주었지. 그런 아내를 무척 자랑스럽게 얘기하고 우리가 팔불출이라 놀려도 그는 그런 아내를 사랑했네. 그런데 오늘처럼 맑은 날이었지. 그날따라 그 아내는 모임이 있어 네 살 박이 아들을 이웃집에 맡기고는 집을 비웠고, 마당에서 놀던 아들은 엄마 없이 아빠를 마중 간 거야. 아들은 아빠를 기다렸지. 철길 옆이 아니라 철길 한 가운데서. 그 친구가 열차를 몰고 그 지점을 지나가는데 선로에 서있는 한 아이를 발견하고는 급제동을 걸고 경적을 울렸지. 그런데 그 아이는 움직이지를 않는 거야. 점점 가까워 오는데 그 아이가 바로 자기 아들 인거야. 그는 문을 열고 밖으로 나가 손을 세차게 흔들며 소리쳤어 '비켜, 비켜. 제발 한 걸음만 옆으로 비켜다오.' 그의 외침은 기관차의 엔진소리에 묻히고 어린 아들의 눈에는 아빠가 손 흔드는 모습으로 보였는지, 같이 손을 흔들어 주었지. 늘 그랬던 것처럼……. 결국 아이는 죽었네. 차에서 내린 그 친구의 얼굴을 잊을 수 없네. 아마, 신이 내린 최악의 형벌 이었을 걸세. 그는 그 일로 사표를 내고 아내와 심하게 다툰 뒤 이혼을 했고 미쳐서 집을 나가 소식이 없다가 증평의 장터에서 엉덩이가 다 보이는 찢어진 바지를 입고 쓰레기통을 뒤지는 모습이 목격된 뒤로 소식을 아는 사람이 없네. 내가 문상을 가지 않는 이유를 이해하기 바라네."

진수가 영등포의 병원 장례식장을 찾은 것은 어둠이 내려앉기 시작하는 7시경이었다. 장례식장에는 여러 상가가 잇었지만 강만식 기관사의 빈소를 찾는 것은 어렵지 않았다. 제일 큰 방에 3단 화환이 줄지어 서있고 그가 평소에 쉽게 만나보지도 못했을 사람들의 이름이 이 십여 개 걸려 있었다.

평소 소심했던 그의 인관 관계를 비추어볼 때 살아서보다 죽어서 호사를 누리는지도 모르겠다. 상가는 사람들로 붐볐고 여기저기 술판과 화투판이 벌어져 고인을 보내는 숙연함보다는 오히려 시골 장터 같은 분위기, 성인이 된 뒤로 많은 상가를 가 보았지만 진수는 이런 분위기를 이해할 수 없었다. 고인을 위한 소란함인지, 아니면 진정 유족들의 슬픔을 잊게 하기 위함인지 상가를 찾은 손님들의 합법적인 놀이인지 여기 저기 화투와 카드를 하고 있었다. 진수는 향을 사르고 절을 마친 다음 유족을 둘러보니 안사람 인듯 상복을 입은 여인은 벽에 기대여 멀거니 천장만 바라볼 뿐, 사촌형이라는 자가 건성건성 인사를 했다.

진수는 분향을 마치고 얼굴을 아는 직원들과 잠시 인사를 나누고 소주 한잔에 편육 한 점을 들었을 때, 대여섯 살 되어 보이는 사내아이와 초등학교 1,2학년쯤 되 보이는 계집아이가 사람들 사이를 분주히 오가며 놀고 있다. 그 남매의 손에는 퍼런 만 원짜리 지폐가 쥐어져있고 아이들은 밝게 웃으며 술자리며 놀이판을 기웃거리고 다닌다.

"정 팀장님 저 아이들은 누굽니까?"

"자식 들이지. 지 애비가 죽은 줄도 모르고……."

"그저 사람 많은 게 즐거운 가봐. 하긴 아직 죽음을 알기에는 너무 어리지."

진수는 갑자기 머리가 무거우며 방금 마신 소주가 식도를 역류하는 거부감에 슬며시 자리를 빠져나왔다.

시원한 밤바람이 불어오지만 진수는 더욱 구역질이 심해온다. 오늘 보고, 듣고 먹은 것을 토해내지 않으면 이 욕지기가 계속 될 것만 같다. 머리가 빙빙 돌고 다리에 힘이 빠지며 몸을 가누기 힘들어 잠시 전신주를 잡고 진정을 해보지만 고등학교 때 친구들과 몰래 대마초를 피우고 정말 힘들어 후회했던 기억이 떠오른다.

얼마나 걸었을까 영등포역과 화려한 네온사인이 보이고 온통 붉은 등 아래 정육점 고기처럼 죽 늘어선 한 무리의 여자가 이끄는 대로 몸을 맡긴다.

물에 빠지는 꿈을 꾸었다. 물속에서 빠져 나오려고 허우적댈수록 점점 더 깊이 들어가는 늪처럼, 몸을 움직일수록 내 몸은 깊은 물속으로 떨어지고 마음은 오히려 편해진다. 연신 몸을 움직이다 나의 팔과 다리는 어느 순간 활동을 멈추고 갑자기 눈을 뜬다. 그토록 깊이 들어간 것 같은데 손을 뻗으면 닿을 것 같은 위치에 수면이 보인다. 수면 위로 한 번도 만나보지 못한 영정 속에 강만식 기관사가 무어라 말을 하지만 들리지는 않고 둥글고 큰 눈에 맺힌 눈물만이 그의 눈에 들어온다.

진수는 낯선 방에서 잠이 깼다. 어제 그의 배설물을 기꺼이 받아준 친절하던 여인은 옆에 없고 역한 향수 냄새와 이가 빠진 조그만 사기 물주전자 만이 눈에 들어온다.

6시 반, 두 시간 반 뒤에 발인이 있다고 한다. 조금 일찍 장례식장에 도착했지만 진수는 발인을 보지 않기로 마음먹었다. 왠지 그것이 고인에 대하여 진수가 할 수 있는 예의라는 생각이 들었다.

다음날 진수는 청량리 기관차사무소를 찾아가 소장을 만났다.

"소장님 본부 안전관실 조사팀 주임 배진수입니다."

"그래요 무슨 일로 오셨는지요?"

"죽은 강만식 기관사의 조사를 나왔습니다."

"사고조사는 이미 끝난 거 아닙니까?"

"공식적인 사고 조사는 끝났지요."

"저는 안전실장님 지시를 받고 개인적인 내사를 벌였습니다."

"그래서 뭐 새로운 것 있나요?"

"몇 가지 의심나는 사항을 보고했지만 본부 실장님이 더 이상 문제 삼지 말라 하시면서 내사를 종결하고 소장님한테 한가지 부탁을 드리라는 지시를 받았습니다."

"그래 지시가 뭡니까?"

"소장님이 최선을 다해서 강만식 기관사를 순직처리 하여주시기

바랍니다. 유족들에게 순직비용이 지급되고 가족들이 일자리를 얻어 어린 자식을 부양할 수 있도록 소장님이 책임을 지라는 지시입니다."

"하지만 사고사로 처리되어 순직이 쉽지 않을 텐데요?"

"압니다. 하지만 아직 순직에 대하여 조사가 이루어지지 않았고 기관사들이 직무와 관련하여 받는 스트레스를 부각시키고 필요하다면 능력 있는 변호사를 이용할 수도 있겠죠."

"소장님의 능력입니다. 지켜보시겠다는 말씀도 있었구요."

"알겠습니다. 해 봐야지요."

청량리 기관차사무소를 나오면서 진수는 실실 웃음이 났다. 시키지도 않은 실장의 지시를 어떻게 자연스럽게 거짓말을 했는지, 평소 자신의 성격에 어울리지 않게 협박을 할 수 있었는지……. 사람은 미워하면서 닮아간다나. 과연 내가 한일이 진정 강만식 기관사에게 잘한 일일까.

서울역까지는 아직 멀었는데 하늘에는 비가 내리기 시작했다. 진수는 가방에서 우산을 꺼내려다 그냥 비를 맞기로 했다. 오늘은 비를 맞아야 될 것 같다.

-끝-

자국

삐뽀 삐뽀 삐뽀. 앰뷸런스가 요란한 소리를 내며 청계6가 방면으로 달리고 있다.

“예. 이름은 김형식 나이는 46세 남자로 복부에 자상을 입었고, 피를 많이 흘려 응급처치로 지혈을 했습니다만 현재 의식은 없습니다.”

119구조대 간호사의 목소리가 빠르게 지나간다.

의식이 없는 것은 아니다. 형식은 손가락 하나 움직일 힘이 없다. 눈을 떠 상대를 바라볼 힘조차 버겁다. 그의 입에 씌워진 호흡기도 그의 배를 사정없이 누르고 있는 소방관의 거친 팔도 한 여름에 겨울코트를 입은 것처럼 답답하고 귀찮을 뿐이다. 지금 할 일은 아무것도 없다. 그냥 내 몸을 맡긴 채 아무런 생각도 없다. 자동차가 커브길을 돌아가는 순간 울컥하며 그의 입으로 따뜻한 액체가 흐르고 비릿한 냄새가 느껴진다.

간호사는 재빠르게 호흡기를 벗겨내고 목을 옆으로 젖힌 후 내 입속에 손을 넣어 혀를 잡아 빼고는 “아 정말 짜증나, 아직 멀었어요.”라고 푸념 섞인 소리를 내뱉는다.

앰브런스는 이대 동대문병원의 응급실 언덕을 힘겹게 오르고 있다.

나는 미친 것이다. 나는 미친 것이다. 그래 나는 미친 것이다.

"이 돌아버린 세상에서 내가 돌지 않으면 난 쓰러질 거야. 돌아라. 세상과 함께 돌아라."

광탄 육군 제11야전병원에서 나는 전역했다. 먼 길 편히 가라며 군의관은 나에게 노란 주사를 하나 놓아 주었다. 새벽에 떠난 앰뷸런스가 한나절 가량 달려 충북 어디엔가 있다는 자애요양원으로 나는 보내지고 있다. 예비역 육군 상병 김형식, 군번 13xxxxxx.

차가 비포장도로로 접어들었는지 심하게 흔들린다. 이제 약 기운이 풀리나 보다. 머리는 무겁지만 앰뷸런스 안의 산소통 이며 보조의자 조그만 거울 빨간 십자가 표시가 선명하게 들어온다. 이제 보니 군용 앰뷸런스가 아니다. 뒷문의 작은 창 커튼 사이로 말간 햇살이 흔들리는 차에 따라 차안 이곳저곳을 비추고 있다. 몸을 고정 하고 있는 클립을 풀고 힘겹게 일어나 커튼을 들추어본다. 이제 봄이 오나보다. 앙상한 가지의 아카시아 나무 사이로 햇볕이 잘 드는 곳은 먹어도 배 아프지 않을 연두색 풀들이 이제 막 머리를 내밀고 있다. 빡빡 깍은 머리에 하얗게 말라붙은 침 자국, 확장된 동공과 양쪽에 낀 눈곱, 검정 고무신, 계급과 이름이 없는 군복, 허리띠가 없어 골반에 대충 걸쳐진 바지……. 나는 미친놈이다. 그래서 나는 전역과 동시에 요양원으로 보내진다. 다시 머리가 아프다. 햇빛이 아프게 하는 것일까 아니면 생각하지 말라고 아픈 것일까. 난 지난 오개월을 내 인생에서 지워야한다. 아니면 앞으로 얼마나 많은 시간을 더 지워야 하는지 모른다. 지우려고 애쓸수록 고장 난 레코드판의 바늘이 튀듯 기억의 편린들이 제멋대로 떠올라 분노와 공포가 뒤섞여 발작을 일으킨다.

"방금 들어온 뉴스를 말씀드리겠습니다. 3일전 서부전선 육군 00부대에서 총기난사사건이 발생하여 장병 10여명이 사망하고 다수의 중상자가 발생하였다는 소식입니다. 사고를 낸 000일병은 긴급 체포되어 현재 군 헌병대에서 조사 중이라고 국방부는 발표했습니다. 이번 사건은 발생한지 3일이 지나서 휴가 나온 군 장병에 의해 밝혀졌으며 이는 군 당국이 사건 은폐와 군 기강의 해이가 아니냐는 우려를 낳고 있습니다."

어제 구내식당에서 점심을 먹던 형식의 눈에 TV뉴스가 들어온다. 가슴이 쿵쾅거리고 등줄기가 서늘해지며 손에 힘이 빠진다.

1984년 9월 00일 전방의 겨울은 빨리 찾아온다. 겨울을 나기 위해 무연탄 두 트럭분을 어제 페치카 옆에 부려놓았다. 올 겨울엔 보초를 서고 와서 라면을 끓여 먹을 수 있는 서열이 되었다. 지난겨울 보초 근무 후 고참들이 먹는 라면 냄새를 모포 안에서 얼마나 부러워하며 잠을 설쳤던가? 이제 나는 이 겨울이 가고 아카시아 꽃눈이 생겨나는 오월이면 제대하는 중고참 통신병이다. 어제 시험 삼아 페치카 가동을 했다. 요즘처럼 아침저녁으로 제법 쌀쌀한 날씨에 모포 속에 머리를 묻고 토막잠을 자다가 모처럼 훈훈한 새벽을 맞으니 몸도 무척 가볍다.

내 임무는 일상적인 경계근무인 보초 외에 하루 8시간을 통신 벙커를 지키며 각종 통신 기기를 유지 보수하는 임무를 한다. 가끔은 사격이나 전투훈련, 사역 등도 나가는데 힘은 들었지만 오히려 답답한 벙커를 벗어나는 기회여서 때로는 지원을 하기도 했다. 그날도 평소처럼 아침 점호, 구보 와 식사를 마친 후 교대 근무를 위해 통신 벙커로 향했다. 벙커는 부대 외곽의 사단장 숙소 옆에 야트막한 언덕을 파고 안에 지어져 있으며 커다란 미루나무 두 그루와 아카시아 그리고 잡목들로 잘 위장되어 외부에서는 보이지 않는다. 우리 벙커가 사단장 숙소에서는 멋진 후원인 것이다. 벙커의 아침 청소를 끝내고 통신라인을 하나하나 점검하는데 군단장과 사단장간의 핫라인에서 말소리가 튀어나왔다. 순간 커피를 마시며 우리를 지켜보던 선임 박 병장과 내 옆에서 일을 돕던 후임 정 일병! 우리 모두는 그대로 굳어버린 석고상처럼 서로의 눈만을 응시했다. 이럴 수가? 핫라인은 보통의 전화선과 달리 음성을 들을 수 없고 비화기가 달려있어 점검을 해도 '뚜루루루.'하는 비음만 들릴 뿐, 우리는 잡음 유무의 정도로 라인의 이상 상태를 판단했다. 그때 내가 단자에서 기계를 떼면 아무 소리도 듣지 못했을 것이다. 하지만 나는 단자를 떼지 않았고 박 병장도 떼라는 지시를 하지 않았다. 어떤 얘기들을 할까, 우리들의 호기심은 암묵적으로 대화 내용을 듣게 되었다. 지금에 와 생각하면 난 그 대화내용을 듣지 말았어야 했다.

조금씩 더워지는 날씨에 반팔 남방이라도 하나 살 겸 퇴근 후 집에 가는 길에 들른 평화시장에서 날치기야 소리와 함께 왼쪽에서 한 남자가 이쪽으로 뛰어오고 있다. 헝클어진 머리에 검정색 쫄티를 입은 남자가 칼을 휘두르며 '비켜'라고 소리치며 달려오고 있다.

"어제 XX연대 D중대에서 발생한 총기 난사사건에 대하여 보고 드리겠습니다. 11시 20분 경 발생하여 8명이 사망하고 7명이 중상 4명의 경상자가 발생 야전병원으로 전원 후송조치 하였습니다.”

사건 개요를 보고 드리면 GP 초소에서 D중대 김창식 선임 상병과 이병석 후임상병이 근무하던 중 김창식 상병이 이병석 상병에게 총기 청소상태를 점검하겠다며 총을 교환한 후 이 상병의 총에서 격발장치를 제거하고 다시 총을 교환한 다음 이 상병의 수류탄을 뺏고 이 상병에게 총을 겨누며 제거된 격발장치를 보여주며 ‘따라오면 죽인다. 비상 전화선도 이미 끊었다. 나는 할 일이 있어 먼저 내려간다.’ 그리고 야릇한 미소를 짓고는 ‘사자의 웃음은 죽음을 의미한다.’라는 말을 하고는 초소를 내려와 중대본부에 도착 당직 근무를 하던 박 하사에게 한 발 쏘고는 내무반으로 들어가 소총을 자동으로 변환 후 양쪽 침상에 한 번씩 발사한 후 수류탄 2개를 투척한 뒤 내무반 옆 세면장 앞에서 무릎을 꿇고 자신의 머리에 격발한 자살한 사고입니다. 자동으로 발사한 소총에 병사들이 사상되었으며 수류탄은 터지지 않았습니다.”

“이것 봐! 김 장군 보안은 잘 유지하고 있겠지, 이번일이 더 커지지 않도록 보안에 특별히 힘쓰고 그러고 말이야 어떻게 최전방 부대에서 수류탄이 안 터질 수 있나? 한 발이야 안전핀을 안 뽑았으니 그렇다 해도 안전핀을 제거한 나머지 한 발은 터졌어야지. 도대체 무기 관리를 어떻게 하기에 그 모양이야! 그리고 그 김 상병, 총 쏜 애, 개 미친놈이야? 어떻게 미치지 않고 자기 전우에게 총질을 할 수 있어? 미친놈이야? 그리고 자네 두 달 뒤에 진급심사 있는 거 알지 잘해!”

군단장의 질타는 계속되었다. 수류탄이 터지지 않은 원인을 보고하고, 보안에 각별히 유의하라는 지시를 끝으로 대화는 끝났다.

"마취는 끝났나?"

막 다른 수술을 마친 듯한 의사가 피 묻은 고무장갑을 벋으며 수술실로 들어온다. 폭이 좁고 가는 금테안경에 이마에는 땀방울이 송글송글 맺혀있다. 그는 재빠르게 손을 씻으며 혈압, 맥박 등 수술에 필요한 사항을 묻는다. 젊은 의사가 답변을 하고 간호사가 수건과 새 장갑을 준비하여 준다.

"특이사항은?"

"특이사항은 환자가 마치 의식이 있는 것 같은 느낌입니다."

"뭐야? 마취가 제대로 안된 거 아냐?"

"아닙니다. 동공검사 등 모든 신체반응은 마취가 된 것으로 반응하는데 빤히 쳐다보는 듯한 느낌이 꼭 의식이 있는 것 같습니다."

"사람, 소심하기는……. 좋아, 시작하지. 야, 이거 누가 칼질했지? 이 자식 찌르기만 한 게 아닌데 찔러서 비틀었어. 두 군데나. 이 봐. 김 군! 이 자상 자국을 잘 봐. 보통 찔린 상처와 다르지. 이 칼자국 한 끝이 이렇게 V자로 나있지. 찔러서 이렇게 오른쪽으로 비틀었어. 이렇게 하면 상처가 더 크게 벌어져서 상처 크기에 비하여 많은 피를 흘리지. 그래서 작은 상처에도 치명적일 수 있어 이건 배운 칼 솜씨야."

"봉합은 자네가 하지 배운 대로 하면 돼!"

수련의는 능숙한 손놀림으로 끊어진 혈관과 신경을 잇고는 한 땀 한 땀 정성스레 봉합을 한다.

"이 사람아. 그렇게 천천히 하면 어떻게 하나. 자, 서둘러봐. 이 사람은 자네 가족이 아니야. 대충하라는 얘기는 아니지만 너무 조심스러우면 다음 환자가 위험할 수도 있어. 그냥 실습하던 대로 편안하게 해."

환자를 가족처럼 생각하면 수술이 힘들다는 선배들의 말이 생각났다. 옆의 김 박사처럼 음악을 틀어놓고 흥얼거리며 수술하는 그를 아직 이해 할 수 없다.

우리는 한동안 말이 없었다. 가슴이 심하게 요동치고 손은 나도 모르게 살짝 떨고 있었다. 이 엄청난 얘기를 듣게 되었으니 어떻게 해야 하나. 하지만 셋 중 누구도 그날 일과가 끝나고 교대 시까지 이일에 대하여 얘기하는 병사는 없었다. 다음날도 해는 떴고 늘 같은 일과는 시작되었다. 어제와 다르다면 흰 소복을 입은 여자 몇몇이 사단장 사무실 앞에서 통곡을 했고, 그래서 이번 일을 사단 전체가 알게 되었으며, 총기 관리와 무기류에 대한 통제가 강화되고, 초소 근무 중 누구에게도 총기를 넘겨주지 말라는 사단장의 지시가 있었다.

점심 때 긴급 소집된 교육에서 내가 듣게 된 공식 사건경위는 우울증을 앓는 한 병사가 심한 우울증으로 야기된 내무반에 총기를 난사한 사건이라는, 아주 단순한 얘기로 수류탄 얘기는 없었다. 물어볼 수도 없었다. 난 왠지 모를 답답함에 벙커를 나와 담배를 하나 빼어 물었다. 순간 나의 눈에 사단장 숙소 앞에 소복을 입은 한 여인이 주저앉아 당번병 두 명과 실랑이를 하고 있었다.

후에 안 사실로 그 여인은 이번 사고로 사망한 한 사병의 부인으로 동거를 하여 아이를 하나 두었고, 입대 이틀 선 결혼식을 올렸다고 한다.

여인의 눈은 너무 많이 울어 퉁퉁 부었으나 큰 눈망울과 뒤로 가지런히 묶은 머리, 넓은 이마, 오똑한 콧날, 얇고 단정한 입술을 꾹 닫은 전형적인 옛 미인의 얼굴을 하고 있었다. 그녀의 요구는 사단장을 만나서 남편이 왜 죽어야 했는지 총을 쏜 사람은 누구이며 왜 그랬는지 밝히라는 내용이었다. 울음 섞인 목소리였지만 그녀는 또박또박 자신의 얘기를 하며 사단장을 만나고자했다.

그녀가 고개를 돌려 나와 눈이 마주쳤을 때 난 가슴속에서 그녀에게 진실은 이거야 하고 얘기해주고 싶었지만 입안에서 웅얼거릴 뿐 목소리는 바싹 마른 목구멍 밖으로 나오진 못했다. 불도 붙이지 못한 담배를 발로 비비고 나는 벙커로 돌아와야 했다.

"박 병장님! 어제 우리가 들은 얘기를 최소한 유족들한테 알려주어야 하는 것 아닙니까? 우리가 들은 얘기로는 그는 결코 미친 사람이 아닙니다. 왜 그랬는지는 모르지만 최소한 계획된 범행이었고 사실이 왜곡되어 있지 않습니까?"

"김 상병, 네 말이 옳아. 하지만 난 제대가 3개월밖에 안 남았어. 사건에 휘말리고 싶지 않아. 그 사람이 우울증이었는지 아닌지 난 확신할 수 없어. 그리고 나 같으면 나서지 않겠어. 이곳은 군대야 지독히 폐쇄된 집단에서 정의란 항상 힘 있는 자의 의지야. 정 일병 넌 어떻게 생각해?"

"전 잘 모르겠습니다. 전 아직도 가슴이 떨립니다."

"그래 거기서 나도 접었어야 했어, 한발 더 나아가지 말고 그냥 거기서."

"정 형사님 김형식 씨 신분조회가 나왔습니다. 교통위반으로 범칙금 몇 낸 것을 제외하고는 아무런 문제는 없고 다만 군에서 의병 제대를 했길래,국방부에 문의했더니 의병제대 사유가 정신병으로 되어 있습니다."

"하긴 좀 이상했어. 그 친구 때문에 범인을 현장에서 검거는 했지만, 목격자들 얘기를 들어보면 김형식이가 칼을 들고 뛰어오는 범인을 몸으로 막아섰어. 다들 피하는데 말이야. 거기까지는 범인을 잡겠다는 생각에 그럴 수 있어. 하지만 그는 두 팔을 내린 채 가만히 쳐다보더라는 거야. 싸울 의사가 전혀 없어보였다는군. 이상하지 않아?"

"맞습니다. 옆으로 비켜서지 않고 그냥 가만 이만 있었어도 칼에 찔리지는 않았을 텐데요."

"범인은 가로막은 피해자를 찌르고 또 찔렀어. 그리고 쓰러진 피해자를 뛰어 넘는데 피해자가 범인의 발을 잡아 범인이 쓰러졌어. 그 틈에 주위에 있던 청년들이 범인을 제압해서 우리에게 넘겼지. 왜 피해자는 범인을 막아섰을까 싸울 의향도 없이……."

난 통 잠을 이룰 수가 없었다. 눈을 감으면 퉁퉁 부운 눈망울을 한 그녀의 모습이 떠올랐다. 그녀가 예뻤기에 생각이 나는 걸까? 아니면 하얀 소복의 단정하고 단호한 그녀로부터 사고로 먼저 간 누이를 보았을까? 입관 직전 하얀 명주옷의 단아한 누이의 모습, 이틀 뒤 나는 인사계 최 상사를 찾아갔다. 이번 일을 덮고 지나가기에는 그녀의 눈망울이 잊혀지지 않았고 군인의 신분으로 세상에 알리는 것조차 쉽지 않았으며 또한 사실을 입증할 방법도 없었다. 석 달 전 새로 부임한 인사계 최 상사는 중대를 대표하는 선임상사로서 사병들의 어려움을 잘 돌보아주고, 오랫동안 군단 작전부에서 근무하여 발이 넓은 사람으로 어려운 일을 잘 해결하는 것으로 소문이 나있었다. 인사계

한테 그간 있었던 일을 다 말하고 답답한 내 심정과 도와달라는 말을 했다. 그날 저녁 벙커에서 야간 근무를 하던 박 병장, 나, 정 일병은 헌병들에 의해 각자 지프차에 실려 어디론가 끌려갔다.

그렇게 많은 매를 맞아 보기는 처음이다. 영화에서나 볼 것 같은 빛이라고는 알전구 하나 달랑 있는 창문도 없는 온통 시멘트뿐인 방에 접의자 두 개가 모두였고 그들은 말이 없었다. 가죽으로 만든 아령만한 크기의 주머니에 무엇이 들어있는지, 내 몸에 맞을 때 처음엔 그리 아프지 않고 참을 만 했는데 5분, 10분, 30분이 지나자 살 속을 파고드는 고통은 소리마저 지르지 못할 정도였다. - 그들은 말이 없었다.- 내가 왜 맞아야 하는지, 그들이 원하는 것은 무엇인지, 어떠한 설명도 없었고 그저 교대로 때리다 내가 너무 지쳐 정신을 놓을만 하면 멈추고 다시 때리기를 반복했다. 얼마간의 시간이 지났을까 식사가 들어오고 그들에게서 들은 첫 마디는 '먹어.'였다. 나지막한 목소리에 높낮이도 없는 평범한 언어 난 도저히 먹을 수 없을 것 같은데 그들의 말을 거역하면 여기서 죽을 것만 같아 수저를 잡았다. 하지만 아무리 애를 써도 수저를 움직일 수가 없었다. 그들은 알고 있었다. 내가 수저를 못 쓸 것을 그들은 밥을 국에 말아 천천히 내 입에 넣어주었다. 한 숟갈 두 숫갈 그렇게 몇 수저를 뜬 후 나는 먹은 것을 다 게워냈다. 그들은 알고 있었다. 그리고 웃었다.

"조금 쉬었다 다시 하지."

난 그 말의 의미를 알 수 있었다. 나는 모든 것을 포기했다. 이미 내 몸은 내 영혼은 내 것이 아니었다. 그들은 내게 아무것도 강요하지 않았으며 그 곳에서 난 며칠을 그렇게 지내야 했다.

“김 박사님! 동대문서 강력계 정한용 경사입니다. 김형식 씨 의식은 돌아왔습니까?”

“그게 이상해요 수술은 잘 끝났는데 의식이 안 돌아와요. 장기에 심한 손상을 입은 것이 아니고, 피를 너무 많이 흘려 의식을 잃었었고 수혈을 하고 보통 하루정도 지나면 의식이 돌아오는데 이분은 의식을 못 차리고 있어요.”

“박사님, 여기 제 전화번호입니다. 의식이 돌아오면 연락을 주십시오. 물어볼 것이 많거든요.”

내가 의식이 돌아왔을 때 나는 11야전병원에 입원하고 있었다. 군의관의 말로는 이틀 동안 밤낮으로 잠을 잤다고 한다. 내 몸은 손가락 하나 움직일 힘이 없지만 뼈 한 조각 살 한 점 상한 곳이 없다. 11야전병원에서의 생활은 세상에 이런 곳도 있고 사람이 이렇게 변하기도 하는구나 생각이 들었다. 어릴 적 병신이 육갑한다는 말을 들었지만 이곳에서는 실제로 일어난다. 병원에 와서야 알았지만 병원에는 병원 군기가 있고 병원에 오기 전 계급은 모두 무시되며 병원에 입원한 순서에 따라 서열이 정해진다. 내가 속한 병실은 모두 열두 명이 한 방을 사용하며 방장은 한쪽 팔과 한쪽 다리에 복합 골절이 생긴 꼭 기생오라비처럼 큰 키에 매끄런 피부, 가느다란 손가락……. 이목구비는 확실하지만 사내답지 못하고 느끼하게 생긴 놈이었다. 소문에 의하면 훈련을 마치고 자대에 배치된 후 뺀질거리다 기합을 주는 고참에게 대들었고, 작심하고 달려는 중고참늘에게 십단 구타를 당하여 저리되었다고는 하나 실상은 알 수 없다, 무슨 원한이 많은지 점호시간이면 성치 않은 다리로 침상을 오갔고, 제 맘에 들지 않으면 무조건 목발이 날아왔다. 겉보기에 외상이 없고 최근에 들어온 내가 그 녀석에게는 만만한 상대였으리라. 병원의 군기가 오히려 통신대였던 자대보다도 더 심했다.

그럭저럭 몸을 추스르고 행동이 자연스러울 때쯤 군의관 실로 오라는 통보를 받았다.

군의관실 문을 노크하고 들어가 막 인사를 하려는 순간 문 뒤에서 갑자기 주먹이 날아왔다. 내가 얼굴을 감싸 쥐고 나뒹굴며 돌아보니 군의관은 빙긋이 웃고 있었다.

"가봐."

그 말뿐이었다. 그 후로도 가끔 군의관은 불시에 내 정강이를 걷어차기도하고 웃고 얘기하다 갑자기 빰을 때리기도 했다. 나는 그가 왜 그러는지 알 수 없었고 내가 정색을 하고 물으면 그는 항상 웃으며, 그냥 심심해서 라는 도통 이해가 안 되는 소리만 할 뿐이었다.

자대에 있던 인사계 최 상사가 면회를 왔다. 난 그에게 강한 적대감을 보였다. 내가 이렇게 된 것은 분명히 그가 상부에 보고했기 때문일 것이다. 인사계는 나를 한참 찾았다며 군단에 있는 동기와 상의를 했는데 일이 이렇게 커질 줄 몰랐다. 너에게 큰 죄를 지은 것 같아 잘 아는 사람에게 부탁하여 몰래 만난다며 '네가 살고 싶으면 미쳐야한다. 정상적으로는 이곳을 나갈 수 없다. 너와 함께 끌려간 박 병장과 정 일병은 같은 조사를 받고 다른 부대로 전출됐으며 병원으로 온 것은 너뿐이다. 조사과정에서 너의 대학시절 데모한 이력이 드러나 너는 미치지 않고는 이곳을 나갈 수 없다. 나를 담당하는 군의관이 정신과 의사라는 말과 함께 네가 내 말을 믿건 안 믿건 네 판단이다.'라 했다. '나의 데모 이력이라니 80년도에 데모 안한 대학생

이 있을까. 나는 단순가담자였고 경찰서에 연행돼서도 단순가담자로 바로 풀려났다.'

"난 알 수 없지. 하지만 네 기록에는 '데모 주동세력인지 알 수는 없음, 간부 또는 행동대원의 근거 없음, 하지만 상당한 이론 무장이 되어있음, 주의 관찰요함.'이라고 적혀있어."

순간 형식은 2년 전 광화문 거리 시위를 떠올렸다. 보통의 학생처럼 민주화 시위에 참여했다가 진압하는 경찰을 피해 도망치는 도중 다리가 겹질려 넘어지면서 경찰에 붙잡혔고 그날 밤 한 명 한 명 가담정도를 심문하던 지경사와 30분 넘게 논쟁을 했던 일이 그때 지경사가 네가 세상을 얼마나 안다고 지랄이냐고 조용히 살자는 얘기에 슬그머니 화가나 내가 아는 모든 지식을 동원해 진리와 자유 그리고 민족에 대해 토론했던 일이 지금에 와서 내 발목을 잡을 줄은 몰랐다.

나에게 구원을 준 자는 의외로 뺀질이 방장이었다.

"너 누구 빽이야, 왜 군의관이 너를 자대로 안 보내는지 모르겠어 너 군의관이 갑자기 때리는 이유를 알아, 내가 가르쳐 주지 군대에는 제대하기 위해서 미친 척 하는 놈이 많아 군대에 적응을 못하면 총으로 자기 다리를 쏘거나 칼로 손가락을 자르거나 사고로 위장하지만 다 제대하기 위한 한 방법이지, 하지만 아프잖아 후유증도 남고 또 한 가지 방법은 미치면 되, 미치면 제대를 하거든 물론 정신병 이력은 남지만 국가기관 아니면 취직하거나 장사하는데 뭐 지장은 없지 그래서 갑자기 때리는 거야. 정상인 이라면 놀라서 혹은 분노로 때린 사람을 쳐다보지. 그 순간 그의 행동과 눈빛에서 맛이 갔는지 정상인지 판별을 하거든, 그런데 넌 이상해 보통 한두 번 하고는 정상이라고 판단되면 바로 자대로 복귀 시키지. 그런데 넌 아냐, 내가 본 것만도 세 번이야 알수가 없어 너 무슨 단단한 빽 있냐?”

난 인사계 최 상사의 얘기와 뺀질이의 얘기를 종합해 볼 때 군의관의 행동은 내가 미치기를 기다린다고 볼 수밖에 없었다. 그래서 난 미치기로 했다. 미친 척 하는 것이 아니라 진짜 미치기로 한 것이다.

우선은 되도록 씻지 말자. 눈에서 힘을 빼고 최대한 생각을 하지 말자. 병원에 오기 전 내 몸과 영혼을 버렸던 것처럼 나를 버리자.

며칠이 지나 나는 많이 변해있었다. 되도록 급작스런 변화를 주지는 않았지만 조금씩 변하고 있었다. 나의 몸에선 고약한 냄새가 나기 시작했고 일부러 한낮에 바지를 벗고 아랫도리를 내놓은 채 간호사 앞을 지나기도 하고 누가 때려도 웃고, 눈은 항상 초점을 맞추지 않았다. 아무 음악이나 춤을 추기도 했다.

어제는 군의관의 시험도 처음으로 통과한 것 같다. 식사를 하기 위해 식판을 들고 자리로 가는데 뒤에서 누군가 내 식판을 얼굴로 향해 밀었다. 뜨거운 국이 얼굴에서 가슴으로 흘렀지만 괴성과 함께 구르며 식당 이곳 저 곳을 부수고 난리를 치며 그와 눈을 맞추는 것을 피했다.

한 보름쯤 지나니까, 그렇게 괴롭히던 뺀질이도 이제는 날 건드리지 않는다. 이제 미친놈으로 보는 것이다. 언제쯤인가부터 군의관이 가끔씩 놓아주는 노란 약도 도움이 되었다. 약을 맞으면 편안해진다. 졸립기도 하고 몸속에 뼈들이 다 제각각 움직이는지 내 몸은 흐느적거린다. 온 병원을 싸돌아다녀도 누구 하나 제지하거나 도와주는 사람도 없다. 이제 완전한 미친놈이 된 것 같다. 그 뒤로도 두 번쯤 군의관으로부터 시험을 당했다. 이제는 의식적이 아니라 정말 미친것이었다. 꽤 오래 동안 나는 미쳐갔다. 처음엔 살기 위해서였는데 하다 보니 재미도 있고 편하기도 하다. 은근히 즐기는 내 모습에 스스로 놀라고 이제는 아무 생각 없이 미친 짓을 한다. 난 정말로 미친것이다.

일주일 전쯤 군의관이 나를 보러왔다. 흐릿한 의식 속이었지만 말똥 두 개인 중령과 함께, 그가 나를 가리키며 무어라 말했지만 알아들을 수 없는 외계인의 소리였고 그가 내 얼굴을 부여잡고 똑바로 쳐다보았지만 난 초점을 맞출 수 없었다. 그는 또 한참을 웃고는 군의관과 알 수 없는 얘기를 한 뒤 돌아갔다.

"자! 잘 들어. 김형식, 아니 미친놈, 아무도 너의 말을 믿지 않을 거야. 그래서 너는 곧 전역할 것이다. 그리고 한 요양시설로 보내질 거야. 거기는 나처럼 너를 봐줄 놈도 없고 거기도 보이지 않는 눈과 손이 있을 거야. 지금부터 잘 해야 돼. 거기서 3,4개월만 더 미쳐있어라. 지금까지 한 것처럼만 하면 문제는 없을 거야. 나도 속을 뻔했으니까 거기서 너는 조금씩 아주 조금씩 회복하는 거야. 그리고 네가 아는 것이 무엇인지 난 알 필요도 없고, 또 알아서도 안 되지만 잊어라. 군대에서의 모든 기억을 잊어라. 그리고 군대와 연관된 모든 것에 과민한 반응을 보이고 착하게 지내. 그러면 몇 개월 안에 넌 집에 갈수 있을 거야. 이게 내가 주는 마지막 선물이다."

이틀 전 자정이 넘은 시간에 군의관이 내 침상 옆에서 귀에다 대고 해준 얘기다.

회복실의 나는 꿈을 꾸고 있다. 누이를 화장하고 재를 강에 뿌리는 것이 불법이라 하여 아버지와 나는 새벽에 양평 강가에 도착했다. 해뜨기를 기다려 아직은 물이 찬 6월 신발을 벗고 바지를 허벅지까지 올리고는 누이를 보냈다. 그 곱던 누이를 하얀 재로 그렇게 보냈다. 아버지는 소주 한 병을 들고 바위 위에서 아무 말 없으셨고 아직 학생이던 나는 강기슭에서 이제 막 우화하려는 잠자리를 보았다.

잠자리 성충은 우화 시간 중 꼼짝 못하는 자신을 지키기 위해 밤의 끝자락에 수초를 타고 오른다. 20센티미터 정도 높이에 오른 성충은 몸을 말린다. 해가 뜨기 시작하면 잠자리의 성충 뒷목 부분이 갈라지며 머리를 내밀고 천천히 아주 천천히 몸을 밖으로 빼낸다. 작은 구멍으로 머리, 가슴, 배 순으로 내밀며 마치 아크로바트라도 하듯 몸을 뒤로 젖혀 답답한 껍질 밖으로 나온다. 밖으로 나온 잠자리는 한동안 움직이지를 못한다. 너무 힘들어서일까. 선선한 아침 바람과 이제 막 강가를 비추는 태양에 오그라들어있던 날개가 펴지고 잠자리는 하얀 날개를 서너 번 움직인 후 시야에서 사라졌다. 한 시간여의 의식 후 남은 것은 흉측한 껍질뿐.

앰뷸런스가 멈추었다. 잠시 뒤 육중한 철문이 열리는 소리가 들리고 다시 차는 움직인다. 지금이 3월 초 3,4개월 뒤면 6,7월! 그래 조금만 더 미치자. 그러면 아카시아 꽃 냄새를 고향에서 맡을 수 있겠지.

오늘도 주문을 왼다. 나는 미친 것이다. 나는 미친 것이다. 나는 미친 것이다.

"정 형사님이십니까?"

"네 정한용입니다."

"동대문병원 김 박사님다."

"조금 전 김형식 씨가 운명하셨습니다."

"갑자기 왜?"

"원인은 아직 알 수 없지만 과다 출혈로 짐작합니다."

전화를 끊은 정형사는 머리가 아프다. 죽은 자는 말이 없기에 더 이상 그에게 물어볼 수 없다. 지금까지 조사한 형식은 사십대에 결혼을 안한 것을 제외하고는 길을 가다 보면 내 옆에도 앞에도 뒤에도 있는 평범한 시민이었다. 그의 무모한 행동을 설명해줄 그 어떤 것도 없다. 그저 형식의 젊은 시절 병력뿐.

– 끝 –

3부 隨筆

사랑하는 두 딸에게

너희들이 있었기에 행복했고 한때는 너희들이 살아가는 이유이기도 했다. 세상을 조금 먼저 살아본 사람으로 하고 싶은 얘기를 조금 적어보려 한다.

많이 사랑하고 표현해라.

사랑은 받는 것도 좋지만 주는 것도 버금가는 기쁨이다. 네가 좋아하는 사람, 좋아하는 행동, 좋아하는 물건은 많이 사랑하고 표현해라. 사람은 조금은 어리석어서 표현하지 않으면 모르는 경우가 많다. 표현하는 것을 부끄러워하지 말고 있는 그대로 나타내고 살아라.

감정을 속이고 살지 말아라.

모든 감정을 다 들어내고 살 수는 없다. 때로는 싫은 내색을 못하고 또 한편으로는 좋은 척 해야 할 일도 있다. 하지만 화를 내지 않을 수 있다면 자기감정에 충실하자. 세상에 피해가 가는 일이 아니라면 조금은 더 솔직한 감정을 표현 하는 것이 너와 남 사이에 불필요한 에너지 소모를 줄이고 마음이 편해진다.

최대한 행복하게 살자.

아빠 어릴 때 '사람은 살기 위해 먹어야 하고, 먹기 위해 일해야 한다.'라는 말을 들었다. 그때 왠지 슬펐다. 사람이 고작 먹기 위해 일을 해야 하나? 우리 삶에 의식주는 굉장히 중요한 요소다. 하지만 그게 다라면 사는 것이 어떤 의미가 있겠니? 의식주는 수단이 되어야지 목적이 되어서는 안 된다. 개미와 배짱이 예기처럼 너무 준비가 없어서 겨울을 날 수가 없으면 안 되겠지만 그렇다고 평생 일만하는 삶 역시 답은 아니다. 개미와 배짱 어디쯤 있겠지만 사람마다 생각하는 기준이 다르니 너희들이 고민해서 답을 구하렴.

마음속에 자를 하나 가져라.

살다보면 참 많은 문제를 만난다. 네 마음속에 자는 그 문제를 풀 수 있는 기준이 될 것이다. 네가 생각하는 가치, 중요도, 그 무엇이 되었건 세상을 바라보는 기준이 있었으면 한다. 한 가지 더하면 그 자는 네가 살면서 느끼고 배우며 조금씩 수정이 가능한 자다. 세상에 절대 정의는 없다. 기준과 유연성이 필요하다.

항상 정직해라.

살다보면 조금은 부끄러운 행동을 할 때도 있다. 사회적 범죄가 아니라면 굳이 밝힐 필요는 없지만 누군가 의심하고 묻거든 정직해라 그리고 잘못을 인정해라. 인간은 누구나 조금의 잘못은 한다. 순간을 모면하기 위한 거짓은 언젠가 너에게 칼날이 되어 돌아온다. 살아보니 정직만큼 강한 무기는 없더라.

돈의 가치를 늘 고민해라.

살면서 돈은 참 중요하다. 네가 무엇을 원하던 거기에는 대가가 따르고 많은 경우 돈이 필요하다. 돈이 많아서 행복한 것은 아니지만 없거나 부족하면 정말 많이 불편하다. 충분히 가지면 좋겠지만 많이 부족하면 힘들다.

죽음을 너무 두려워하지 마라.

죽음이 두렵지 않다면 거짓이겠지. 인간이라면 죽음이 두려운 것은 사실이다. 하지만 죽음 역시 네 인생에 한 부분이다. 조금 먼저가건 더 있다가 가건 어떤 죽음이던 결국은 네 인생이기에 받아들여라. 일단 인정하면 덜 두렵고 수용하기가 수월해진다.

남자와 여자 또는 여성과 남성.

『화성에서 온 남자 금성에서 온 여자』 책 제목이다. 남자와 여자는 그만큼 다르다. 아빠가 마흔이 넘어서 깨닳은 것은 서로의 다름을 인정하고 가르치거나 굴복시키려 하지 말라는 것이다. 남자와 여자는 죽을 때까지 이해하지 못한다. 할 수 없는 일을 하려고 하면 어리석은 사람이다. 다만 서로 다름을 인정하고 조금씩 양보하고 조화를 이루는 방법이 최선이라고 생각한다.

직장생활.

확실히 자영업을 하는 사람보다는 직장생활을 하는 사람이 행정 사무 직렬보다는 기술자가 조금은 더 정직하고 사람 사이의 관계가 덜 복잡하다. 세상은 내가 어리숙하면 잡아먹으려 들고 너무 영악하면 주위에 사람이 없다. 남의 것은 욕심내면 안 되고 또한 내 것은 절대 뺏겨서는 안 된다. 직장이라는 정글에서 독야청청 살아갈 순 없다. 때로는 흙탕물에서 뒹굴기도 하고, 뻘밭을 걸을 때도 있을 것이다. 하지만 반드시 지켜야 할 것은 인간성이다. 어려운 일에 부딪히면 너의 행동이나 말이 일에 대하여 과정이 합리적이었는지, 목적은 적합한지, 사회 규범에 적법한지 한 번 더 생각해보고 행동해라 주위 사람을 너무 믿어도 안 되지만 의심부터 할 수는 없다. 하지만 불필요한 욕심을 안 부리고 성실하게 살면 갈등 또한 줄어든다.

부모.

내가 자식을 낳고 살아보니 어른들이 한 '너도 애 낳고 살아봐!'란 말이 이해가 된다. 부모 자식 간에 지금 걱정하는 모든 일은 너희가 가정을 이루고 자식을 낳으면 자연히 해결될 문제로 본다. 다시 한 번 말하마. "너도 애 낳고 살아봐!"

꿈.

'이루지 못할 꿈은 없다.'라고 말하는 사람이 있는데 동의할 수 없다. 분명 열심히 해도 안 되는 일은 있다. 하지만 꿈을 버리지는 말아라. 자신의 한계를 느끼는 일과 그 꿈 자체를 버리는 것은 등가가 아니다. 꿈은 내가 살아가는 영양제다. 없어도 당장 무슨 일이 생기지는 않지만 내 몸에 필요하고 새 생을 조금 더 윤택하게 해준다. 꿈을 꾸고 살아라. 인간은 모두 꿈꿀 권리가 있다.

하루에 한번쯤은 하늘을 보자.

고등학교 국어 교과서에 나온 「청자연적」 이라는 수필이 생각난다. 청자로 만든 벼루에 물을 붙는 도구인데 연 꽃 모양이라 청자연적이다. 그 글에서 동그란 연꽃을 만들고 돌아가며 꽃잎을 붙였는데 아름답게 대칭을 이루다 유독 이파리 하나만 살짝 비틀어 놓았다. 작자의 얘기는 완벽한 모양을 만들 수 있음에도 하나쯤 비틀어서 만든 도공의 여유를 적었다. 하루에 한번 하늘을 보자는 얘기는 꼭 하늘을 보자는 얘기는 아니다. 하루에 한번쯤은 일에서, 세상에서 나를 떨어뜨려 여유를 가지라는 얘기다.

우리말을 사랑해주렴.

내가 젊은이들에게 하나 불만이 있다면 너무 말을 줄이고 비속어를 많이 쓴다는 점이다. 언어는 살아있는 거라 계속 변한다. 하지만 험한말, 비속어는 좋은 말이 아니다. 흔한 말로 예비군 훈련을 가면 모두 개가 된다. 잠깐 동안이지만 군 시절로 돌아가 비속어를 쓰며 웃고 즐기다. 다시 일반 옷을 입으면 정상이 된다. 이는 반대의 경우도 적용된다. 험한 말, 비속어를 많이 쓰면 나도 모르게 행동이 거칠어지고 가끔은 좋지 않은 결과를 가져오기도 한다. 너는 물론이고 너희 아이까지도 예쁜 말만 쓰고 살도록 가르치렴.

명성과 명예에 대하여

사람은 살면서 많은 것을 소유하기도 하고 또 잃기도 한다. 빈손으로 태어난 사람이 무엇을 잃을까 생각 할 수 있지만, 조금만 더 생각해보면 사람은 태어날 때부터 많은 것을 가지고 태어난다. 즉 부모의 사랑, 주위의 관심, 기대 그리고 희망을 가지고 태어난다.

사람이 태어나서 죽을 때까지 교육을 받는다. 학교에서의 정규 교육이건 밥상머리 교육이건 부모 또는 형제자매의 교육이건 나의 행동이건, 남의 행동이건 수많은 잘·잘못을 통해 하나씩 하나씩 깨우치고 배우며 성장한다. 어느 정도 자라 성인이 되면 자신의 행동과 말에 책임을 져야하고 이때 쯤 나만의 '자(기준)'가 생기고 그 자로 옳고 그름과 이득과 손해를 따지며 세상을 살아간다.

세상을 살아가는 데는 '자'만 필요한 것이 아니다. "'깃발(추구하는 가치)'도 필요하다. 내가 어떤 방향으로 세상을 살아갈지 내가 원하는 삶의 가치는 무엇인지 깃발의 방향에 따라 '자'의 기준이 달라질 것이다.

세상의 많은 사람들이 명성과 명예에 대하여 잘못 알고 있거나 그 의미를 혼동(혼용)하며 살고 있다. 결론부터 말하자면 '명성'은 태어나서 살아가며 조금씩 조금씩 공들여 만들어지는 한 개인에 국한된 의미인 반면 '명예'는 인간 개개인이 가지고 있는 권리이자 의무로서 인간의 존엄성을 말한다고 할 수 있다.

예를 들어 한 기술자가 자기의 분야에서 최고의 기술을 가지고 있거나 자기만의 특별한 기술을 가지고 있다면 누구든 그 분야의 기술자로서 그를 꼽을 것이다. 이는 그의 기술에 대한 명성이다.

또한 특별한 기술이나 능력이 없더라도 그가 속한 집단에서 예의 바르고 친절하며 성실하고 쾌활한 성격의 소유자라면 그의 주변에는 늘 그를 좋아하고 따르며 그에 대하여 좋은 말을 하는 사람이 많다면, 그는 이미 인격과 덕망에서 명성을 얻었다고 할 수 있다. 이런 긍정정인 명성 이외에도 어떤 이는 셈이 흐리고 쉽사리 말을 바꾸고 표리부동하여 사람들이 멀리 한다면 그 역시 좋지 않은 명성을 얻은 것이다. 이처럼 명성이 살면서 행한 결과에 따라 얻어지는 산물이라면 명예는 보다 근본적인 것이다. 사람이라면 누구나 가지고 있는 인간 본연의 가치 즉 생명의 존중함, 인격적인 대접을 받을 권리 등 개개인 누구나 가지고 있는 인간애의 기본적인 사랑이 바로 명예인 것이다. 명예는 누구나 가지고 태어나지만 살면서 조금씩 잃어간다.

- 사형제도의 가장 큰 오류는 신의 영역이라 생각되는 생명 여탈의 힘을 인간이 행하기 때문이다. -

요즘의 안타까운 현실이 명예를 지키는 소중함 보다는 명성을 쫓다. 명예를 잃는 사람들 때문이다. 자기 자신의 이익을 위하여 말을 바꾸고 눈앞의 이득 때문에 거짓을 행하는 사람들, 공동의 이익을 추구한다며 야합하여 정의를 그르치는 사람들…….

이들은 원하는 명성을 얻을지는 몰라도 명예를 지키지는 못할 것이다. 더욱이 근심스러운 것은 다수의 어리석은 사람들이 그들을 닮고 싶어 한다는 것이다.

명예보다는 명성이 더 중요한 세상이 되었고 과정보다는 결과를 중시하고 명분보다는 실리를 중요시 하는 세상에서 사회정의가 바로 서고 가치 있는 사회가 만들어지겠는가?

사람마다 가지고 있는 '자'가 다르고 '깃발' 또한 다르니 특정한 기준이 있을 수 없다. 하지만 살면서 크게 불리하지 않다면, 많이 손해 보지 않는다면 조금은 양보하고 배려하며 정직하게 살자.

세상살이가 흐르는 물과 같아서 같이 흘러가야지 역행 할 수는 없다. 하지만 조금씩 조금씩 그 방향을 바꿀 수는 있다. 큰 바위를 만나거나 깊은 웅덩이를 지날 때 방향을 바꿀 수도 속도를 조금 늦출 수도 있다. 우리가 명예를 소중히 하겠단 마음만 있다면 충분히 가능하다.

끝으로 "우리는 대개의 경우 어느 것이 옳고 그른지를 판단할 능력이 있다. 다만 행동으로 옮기는데 주저할 뿐이다."

그만 살 권리

사람에게 그만 살 권리가 있는지 – 일반적으로 자살 – 해묵은 논쟁을 다시 하고 싶은 마음은 없다.

내 아버님은 평생 일만 하시다가 노년에 – 노년이라야 쉰 조금 넘어서 – 즐기지도 못하고 중풍으로 10년 가까이 고생하시다 생을 마감했다. 막내아들(나) 장가보내고 한 달을 넘기시지 못했으니 막내 장가보내는 걸로 당신에 일은 다했다고 생각하고 편히 가신 것 같다. 아버님이 편찮으신 동안에 어머님이 자궁암에 걸려 약 2달을 아버님을 돌볼 분이 없었다. 그래서 나와 누이, 그리고 형수. 그렇게 셋이 돌아가며 시중을 들었는데 이성인 며느리나 딸 보다는 내가 씻겨드리고 옷 갈아입히는 것을 편해하셨다. 그런 아버님이 안쓰러워 나는 "사는 게 힘들지 않으세요."하고 물으면 빙그레 웃기만 하셨다. 나중에 어머님께 들으니 더 사시고 싶다고 말씀하셨다니 스스로 그만 사는 것도 쉽지는 않은 것 같다.

주위에 아파서 고생하고 더 이상은 육신이 내 의지에 따르지 않고 힘들게 아니 아무 의미 없이 살아있는 모습을 보면 나는 저러지 말아야지 생각을 하게 된다.

장모님이 먼저 세상을 뜨시고 장인어른을 돌보던 분마저 떠나면서,

사정이 여의치 않아 한적한 시골의 요양원으로 가셨는데 네 자식이 일주일씩 돌아가며 한 달에 한번 장인어른을 뵈러 갔다. 비슷한 연령의 노인들끼리 어울리며 편안한 임종을 기대하였지만 상황은 여의치 않다. 비슷한 처지의 노인들은 맞지만 그분들은 거의 말씀이 없으시고 식사와 용변 그리고 간식시간 이외에는 아무 하는 일 없이 누워만 있다. 책을 보려 해도 잘 보이지 않고 돌아다니고 싶어도 몸이 따라주지 않으니…….

처음 며칠을 제외하고는 아무도 관심을 가지지 않는다. 몇 안 되는 요양원 직원들은 식사 와 귀저기, 목욕 등 기초적인 일로 함께할 시간이 없다.

영화에서처럼 햇빛 가득한 정원에서 차를 마시며 책을 읽거나 동년배의 친구들과 수다 떨며, 카드 같은 오락도 없고 그저 움직일 수 있는 사람은 커다란 텔레비전 앞에 종일 나오는 유선방송을 초점 없는 눈으로 쳐다만 본다.

이미 즐거움도 분노도 없는, 좀 심하게 말하면 아무런 감정이 없이 살아 있는 것이지 사는 것이 아니다. 그런 장인어른의 모습을 보면서 난 죽기 전에 해보고 싶은 일을 적어놓고 형편이 닫는 대로 하나씩 실행에 옮기고 있다. 내가 원하는 만큼 충분하지는 않지만, 많은 부분 실행에 옮길 것이다. 단 하나 마음에 걸리는 것이 그만 살고 싶을 때 – 더 이상 사는 것이 욕되다고 느껴질 때 - 그만 살 수 있을까? 있다면 어떤 방법이 나름 자손에게 폐 끼치지 않고 그런대로 품위를 갖추어 그만 살 수 있을까?

중학교 때 비교적 조숙했던 난, 사는 것이 힘들어서 자살을 생각해본 적이 있다. 우리 집 옆에 기찻길이 있어 기찻길 위까지는 올라갔는데 막상 기차가 오니까 망설이며 기차를 그냥 보냈다. 용기가 부족했는지 아니면 죽음이 두려웠는지 모르겠다. 그 뒤 생각해낸 것이 책에서 본 듯한, 방안을 완전히 밀봉을 하고 아주 강한 향기의 꽃을 가득 채우고는 꽃향기에 취해 죽는 상상을 했다. 실행에 옮기지는 못했고 그 뒤로는 자살을 생각해본 적은 없다. 이제 나이가 들면서 신체 기관이 하나씩 기능이 떨어지며 다시 한 번 자살을 생각한다. 내가 그만 살고 싶을 때 그만 살 수 있는 용기를 갖기, 그리고 마지막 모습이 최소한 추하지 않기를 희망한다.

농부일기

서울 마포가 고향인 내가, 평생을 서울에서 살아온 내가 시골로 간다하니 태반이 걱정하는 모습을 보였고 일부는 "잘해 봐." 걱정인지 격려인지, 살짝 비웃는 건지 중의적 표현을 하는 사람도 있었다.

사년 전 귀농이라 말하긴 거창하고 재미삼아 말하기는 진지하게 배농사에 도전! 520평 배밭에 84그루의 배나무 달린 과수는 약 일만 육천 개, 그중 절반만 팔아도 내 인건비는 건질 수 있었다. 여러 요인이 있었으나 결과적으로 약 800만원의 자재비, 인건비, 기구 구입비 등을 사용하고 건진 것은 하나도 없다. 흑성병이라는 병충해로 판매가 불가한 상품이었고 배즙 용으로라도 팔려했으나 팔로를 찾지 못해 그냥 먹을 만한 좋은 상태만 골라 주위에 기분한번 쓰고, 새해를 기약 했으나 건강이 나빠지며 결국 배밭은 풀만 무성하고 까투리, 까치, 개구리 원래 주인의 품으로 돌아갔다. 조금 건강을 회복하고 배밭은 무리라는 판단 하에 집 뒤의 빈 공간에 채소를 조금 심었는데, 산을 깎아 지은 집터라 잔돌이 많고 토질이 조금 질어 소출이 시원찮았다. 그래서 근처의 좋은 흙을 큰 차로 두 차 사들여서 약 이십평 정도의 텃밭을 만들고 여러 가지 채소며 고추, 옥수수, 호박, 오이, 가지, 보통의 사람들이 주말농장에 심는 작물부터 시작하여 조금은 수확을 하였으나 모종값, 인건비 계산을 하면 사 먹는것이 싸게 먹힌다. 항상 상주하는 것이 아니다 보니 조금만 비가 안와도 마르고 병충해 또한 상당히 심했으며 어쩌다 한 주 걸러 가보면 웃자라 더 이상 소출을 기대하기 어려웠다. 무엇보다 자라나는 속도가 우리 네 식구 먹는 양보다 많다 보니 애써 수확한 작물을 상하게 하여 돈을 주고 음식물 쓰레기로 버려야하는 상황도 생겼다.

작년에는 용기를 내어 참외, 수박을 심었으나 참외는 익을 만 하면 물러서 상하고, 수박은 조금 큰 참외 크기에서 더 이상 자라지 않는다. 그나마 호박과 오이는 풍족하게 먹었다.

『텃밭재배』라는 책에서 배운 지식은 별로 도움이 되지를 못했고 차라리 유트부 동영상이 많이 도움이 됐다. 작년의 실패의 원인을 거울삼아 금년에는 이월 중순부터 밭을 갈아엎고 비료를 충분히 주고 비료가 땅에 흡수될 시간을 주고 상추 종류별로 네 모종, 오이 두모종, 콜라비 두 모종, 호박 두 모종, 고추 네 모종, 참외 네 모종, 수박 네 모종, 큰 토마도 두 모종, 방울토마토 세 모종 등을 간격도 넓게 하여 심고 무조건 매주 내려가 한나절을 물을 주며 관리를 했더니, 내가 심은 거의 모든 작물이 내게 신선한 야채와 과일을 선물했다. 다만 한 가지 아쉬운 점은 비닐멀칭을 안 하고 생겨나는 잡초를 뽑으려 들었다는 점이다. 한 오월까지는 일주일에 한번정도 잡초를 뽑으며 관리가 가능했는데, 유월 어느 순간부터 잡초가 뽑아서 해결될 상황이 아니고 예초기로 처리를 하면 아무리 조심해도 작물에 피해가 갔다. 결국은 풀은 풀대로 작물은 작물대로 서로 경쟁하며 생존해야 하는 상황이 됐다. 그래도 올해는 가장 알차게 수확을 한 것 같다.

지금은 고구마를 심고, 배추와 무 등을 심을 계획이다.

내년에는 또 올해의 잘못을 고치며 올해보다는 조금 더 더 나은 초보농부가 될 것이다. 아무리 생각해도 사먹는 것이 제일 싸다. 하지만 주말마다 달려가 땡볕에 물주고, 풀 뽑고, 벌레에 물리고 적지 않은 고생을 하면서도 그만두지 못하는 이유는 재미있어서다. 수확하는 기쁨보다는 내가 심은 그 여린 작물이 뿌리를 내리고 곧 죽을 것처럼 축 늘어진 어깨에 내가 가서 물을 주고 풀을 뽑고 관심을 주면 어느새 당당하게 일어나서 나를 기쁘게 한다.

아이를 낳고 키울 땐 서툴기도 하고 너무 바빠서 그저 키우기에 급급했고, 동물(개)은 불편하거나 원하는 것이 있으면 짖기도 하고 아양도 떨며 의사표시를 한다. 하지만 식물은 그저 바라만 볼 뿐, 그들을 돌보는 것은 오로지 내 몫이다. 그래서 나는 초보농부다.

농약과 무지개

퇴직을 하고 마음속에 가졌던 전원생활을 꿈꾸며 조금씩 미리 준비했던 경기도 장호원에 작은 배밭을 위탁으로 농사를 짓다가, 주위의 만류에도 불구하고 직접하겠다고 고집하여 배농사를 짓게 되었다. 520평에 심은 84구루의 배나무는 혼자 조금씩 정성을 다하면 무난하리란 생각에 시작한 일이다. 하지만 규모가 작다보니 편리한 기계농사(기계 값 3,000만원)를 준비하지 못하고 준 기계농사인 분무기와 예초기, 사다리, 전지가위 등 꼭 필요한 도구들만 장만하고 과수농사를 시작했다.

역시 만만하지 않았다. 나무 가지를 쳐주는 일은 전문가의 도움을 받아 일을 했고, 양질의 배 수확을 위해 배꽃을 적당한 간격으로 솎아주는 일은 온 친척을 다 불러 가르치고 잔치하며 축제하듯(배꽃이 피면 정말 예쁘다) 두 번의 주말을 보내고, 조그맣게 열매가 달리면 다시 수분되지 못한 과실을 따주고 정리하고 봉지를 씌우고 나면 수확하는 바쁜 일정을 보냈다.

돌아서면 한 뼘 이상 자란 풀을 예초기로 하루 종일 베고 나면 보름이 못가 또 풀이 한 가득이다. 쑥대밭의 의미를 알게 되었고 클로버 풀, 노란 민들레꽃이 징그럽게 느껴졌다.

무엇보다 힘이 들었던 일은 농약을 치는 일이었다. 귀농을 하며 "난 농약 따위는 쓰지 않을 거야. 친환경으로 농사를 지어서 소득이 생기면, 좋고 설사 소득이 적더라도 소출이 작으면 작은 대로 작게 먹자!"라며 내 가족의 건강한 먹거리가 우선이라고 생각했기 때문이다. 하지만 그 생각이 얼마 버티지 못하고 무너졌다. 생겨나는 각종 병해충을 어찌 막아볼 방도가 없다. 내가 소유한 배 밭의 소출을 포기해도 나로 인해 이웃집 배마저 병충해가 생기니 주위의 따가운 눈총을 더는 어찌하지 못하고, 또 하나 마음을 바꾼 이유는 배꽃이 피었다 지면서 아주 조그만 배가 달리기 시작했다. 겨우 형체를 알아볼 만 하던 배가 콩알 만 해지고, 작은 밤톨만 하다가 어느새 큰 것은 자두만한 것이 달렸다. 이제는 봉지를 씌워 크기를 알 수 없지만 가끔 비바람에 떨어진 배 봉지를 열어 크기를 확인한다. 배꽃이 지고 콩알만 할 때 병충해로 조금씩 검은 반점(흑성병)이 생기고 이파리와 배에서 끈적한 물체가 만져진다. 배도 살겠다고 생겨난 것을 가만히 지켜만 볼 수 없어서 인근의 과수농협을 찾아갔다. 농촌지도사는 배농사의 특성, 생길 수 있는 병해충, 예방법, 시기별로 하여야 할 일 등 자세한 설명을 하지만 역시 농약부터 준다. 그리고 약간은 답답한 눈으로 농약을 안 주면 수확을 기대할 수 없다. 현실의 답은 농약이었다. 우선 농약 치는 분무기를 구입하고 물을 담을 수 있는 큰 통을 장만하여 태어나 처음으로 농약을 쳤다. 그리고 한 이틀 지나니 정말 상태가 좋아졌다. 그 뒤로도 과수농협의 농촌지도사의 안내에 따라 남보다는 조금 적게 농약을 주기적으로 친다.

칠월 어느 무지하게 더운 날 – 태양이 나뭇가지 사이사이로 존재를 뽐내는 날 – 모자와 눈에는 고글을 쓰고, 농약 칠 때 입는 비닐

옷과 장화를 신고, 입에는 탄소마스크를 하고 농약을 뿌리는데, 내 손을 떠난 농약이 나뭇가지 사이로 뿜어지며 생각지도 못했던 아주 작은 무지개가 만들어진다. 나뭇가지 사이를 비추는 맑은 햇살과 분무기에서 곱게 뿜어지는 농약이 함께 어우러지며 작지만 예쁜 무지개를 만들어낸다. 난 잠시 본분을 잃고 무지개를 바라보았다. "아! 농약도 무지개를 만드는 구나, 그래 이 무지개를 먹고 자란 이 배는 정말 맛있고 예쁜 배가 될 거야"라고 나는 확신한다. 그리고 오늘도 하나를 배웠다. 농약도 고운 해를 만나면 무지개를 만들 수 있다는 것을. 전혀 어울릴 것 같지 않은 농약과 청명한 햇살이 만나 저렇게 예쁜 무지개를 만들 수 있다니.

아직은 들이는 정성과 비용에 비해 거두어들이는 것은 적지만 내가 심은 작물이 싱싱하게 자라는 모습을 보면 아이를 키우는 부모의 마음이 되고 또 가끔은 내 입을 즐겁게 해준다.

나쁜 친구

한때 '나쁜 남자', '나쁜 여자'라는 표현이 유행하며 '나쁜 ○○'이라는 표현이 유행을 타기도 했다. 하지만 '나쁜 친구'라는 표현은 별로 들어본 적이 없다. 세상에 나쁜 친구가 있을까? 왠지 '나쁘다'와 '친구'는 잘 어울리는 단어가 아니다. 친구라면 본디 친한 사이일터 나쁘다는 생각이 들었다면 절교를 하거나 아니면 마음속에서 벌써 친구의 목록에서 제외를 했을 테니까. 과연 나쁜 친구가 존재할까……?

큰 숨 한번 고르고 생각하니 나에게는 나쁜 친구가 있다. 미워하면서 싫어하는 데도 결코 내 곁을 떠나지 않는 그 친구를 나는 평생 보듬고 가야한다.

그 친구가 나를 찾아온 것은 약 15년 전이다. 대부분의 남자들이 다 그렇듯 30대 중반의 나는 인정과 승진이라는 해바라기를 바라보며 무섭게 일할 때, 그 친구는 어느새 내 옆에 와 있었다. 내가 그 친구의 존재를 깨달았을 때 그 친구의 존재가 두렵다기보다는 '하필 왜 나에게', 그것도 '벌써'라는 분노가 느껴졌다. 나는 타협보다는 그 놈을 이겨서 쫓아내고 싶었다. 그리고 한때 성공하는 듯 보였다. 가맹렬게 공격하면 그놈은 잠시 내 곁을 떠났다가 내가 조금이라도 긴장을 늦추면 그놈은 어느새 옆에서 똬리를 틀고는 나를 지켜본다. 그런 생활을 몇 년을 반복했다. 그러다 나는 그놈을 친구로 받아들이기로 마음먹었다. 떼어낼 수 없다면 함께할 수밖에 없지 않겠는가. 그 친구의 존재를 인정하니 마음도 편해지고 그 친구의 예쁜 모습들이 보이기 시작한다. 흔히 하는 말로 "피할 수 없거든 즐겨라."를 실천해서 온 결과였다. 지금 난 그놈을 진정한 나의 친구로 여기고 죽을 때까지 함께할 것이다. 그 친구의 이름은 "당뇨병"이다.

내가 현장에서 실무를 배우고 중간관리직에 들어섰을 때, 내가 계획하고 설계한 대로 일이 진행되는 것이 뿌듯하고 행복했다. 성취감과 함께 내가 가야할 길이 보이고 나는 그냥 달리기만 하면 되는 것이다. 짧지만 내 생에 원 없이 일을 했던 시기이다. 평일은 12시가 기본이고 휴일도 거의 없이 일하고 살았다. 그때는 남자가 10시 이전에 집에 들어오면 아내가 나가서 비즈니스 더 하고 오라고 등 떠밀던 시절이고 "열심히 일한 당신 떠나라."라는 광고 카피가 아니라, "열심히 일하는 당신이 아름답다."라며 칭찬하던 때이니 내 모습이 조금도 이상하지 않았다. 오히려 자랑스럽고 늦은 퇴근과 소주 한 잔이 생활의 전부였던 시절, 그래도 가끔은 뒤돌아볼 줄 알아야 했는데 브링크한 말처럼 앞만 보았으니 ……

어느 날 출근을 위해 양복을 입는데 바지가 헐렁했다. 단추를 채워도 주먹 하나가 쑥 들어간다. '왜 이리 살이 빠졌지? 그러고 보니 요즘 많이 피곤했어. 내가 무리했나봐.'라며 대수롭지 않게 생각하고 찾아간 병원에서 몇 가지 검사를 하고는 그날로 입원을 했다. 병명은 '당뇨'였다. 머리에서 발끝까지 합병증 검사가 시작되었다. 다행히 합병증은 없었다. 입원치료 일주일 만에 혈당은 정상으로 돌아왔으나 그때부터 먹기 시작한 약이 지금까지 먹고 있다.

내가 늘 자랑하던 큰 키에 우람한 몸집, 88Kg에서 70Kg으로 줄었고, 자다가 갈증으로 두세 번 잠에서 깨어 물을 마시고야 잠이 들었다. 부족한 잠과 쌓이는 업무에 집으로 돌아오면 저녁을 먹고 바로 쓰러져 잠이 드는 그동안의 생활이 '참 내가 내 몸을 몹시 혹사했구나.'라고 반성을 하게 되었다. 퇴원하여 집으로 돌아와 습관대로 당뇨에 관한 책을 구입하고 의사에게 들은 유의사항 등 난 그놈을 이기기 위해 그를 배웠다. 그리고 실천에 옮겼다. 균형 잡힌 식사와 매일 저녁 뜀뛰기, 사무실 계단 오르기 등 나의 적극적인 공격에 어느 틈엔가 약을 먹지 않아도 몸은 정상이었다. 난 기뻤고 그놈을 물리쳤다고 생각했다.

하지만 그놈은 잠시 물러나 내 의지가 약해지기를 기다리고 있었다. 절제된 생활이 어느 틈엔가 느슨해지며 다시 일속에 묻혀 있을 때, 그놈은 긴 혀를 날름거리며 내 옆에 똬리를 틀고는 모르는 척 앉아있다. 다시 칼을 빼어들고 쫓아내고 물러나고 다가서기를 수십 회, 누에가루부터 한약 등 그놈을 해치울 수 있다거나 해치운 경험담을 듣고 실행에 옮기기도 하고 나에게 맞는 운동을 찾아 헬스장이며 수영, 농구, 골프 등 재미있게 즐기면서 운동이 되는 것을 찾아 열심히 했다. 하지만 그놈은 포기할 줄을 몰랐다. 아니 내가 의지가 약해서지만 결국 나는 그놈을 이길 수 없다고 판단하게 된다. 그리고 그놈의 존재를 인정하지 않을 수 없었다. 그놈은 내가 평생 보듬고 가야

할 나쁜 친구였다. 그놈을 친구로 마음먹고 보니 그놈이 내게 준 선물 또한 작지 않다.

우선 술을 끊었다. 일부러 끊은 것은 아니지만 술을 피하다 보니 자연스레 주량이 줄고 결국 조금만 마셔도 취하게 되어 술을 멀리하게 된다. 생활이 건전해졌다. 책이 재미있으면 밤새 그 책을 다 읽어야 하고 영화를 보며 밤도 자주 새우고 규칙적인 생활보다는 부딪치는 대로 살았는데 하루 밤샘을 하면 오랫동안 힘들다 보니 자연스럽게 규칙적인 생활을 하게 된다. 무엇보다 제일 싫어하던 운동과 친해졌다. 운동을 하면 피곤하던 몸이 오히려 더 가벼워진다. 운동의 소중함을 알게 되고 여러 운동을 하다 보니 나에게 맞는 운동도 찾게 되고 그놈을 친구로 받아들인 후 난 더욱 건강해진 것 같다. 역설적으로 병이 병을 예방하고 있다. 지금까지 당뇨병 이외에는 특별한 질환은 없다. 물론 그것도 없다면 더욱 좋겠지만 당뇨라는 관리하는 병이 나에겐 오히려 바른생활을 유도하는 고마운 친구로 자리 잡았다. 그 친구는 지금도 조금 무리를 하거나 느슨한 생활을 하면 내 몸을 통해 바로 경고를 보낸다. 이 세상에 나쁜 친구는 있다. 우리는 그 친구를 통해 도 다른 무언가를 얻을수 있다면 우리는 그 친구를 기꺼이 받아들여야 한다.

소우주

인간의 입장에서 볼 때 우주를 대우주라 부르고 인간을 소우주라 한다. 이와 같은 사고방식에서 인관과 우주 사이에 유비적 대응관계가 설립되며 따라서 대우주에 성립되는 법칙은 소우주(인간)에게도 성립하며, 또한 인간을 이해하는데도 대 우주를 이해함으로 가능하며 반대로 인간을 이해함으로 대우주의 이해도 깊어진다.

꽃과 나무 생물 등 자연을 좋아하는 나는 그동안 공간의 제약으로 어항과 화분 몇 개로 만족하고 지냈다. 그러다 조금 큰 아파트로 옮기며 수도가 달려있는 베란다를 정원으로 꾸미겠노라 공표한 후, 이삿짐을 하나도 들이지 않았다. 쉬는 날 종일 품을 팔아 조그만 연못을 꾸미기에 적당한 사방 1평방미터쯤 되는 플라스틱 수조에 마사토를 넣고 수초 몇 가지와 부레옥잠 그리고 물레방아와 돌 몇 개로 작은 연못을 꾸몄다. 그리고 주위에 내가 키우던 난, 화분, 분재 몇 개로 그럴싸한 작은 정원을 만들었다. 연못에는 작은 거북 두 마리와 금붕어를 키우고 키우던 새 두 마리를 풀어놓았다. 새를 풀어놓는 것은 다들 불안해했지만 힘들면 다시 잡아서 새장에 놓아둘 요량으로 풀어 주었는데 신기하게도 새들은 베란다를 벗어나는 일이 거의 없다. 방문을 열어놓아도 베란다 문을 열어놓아도 새가 안으로 들어오는 일은 없다. 초기 한두 번 거실로 새가 들어와 아이들과 함께 새몰이를 해서(이것도 무척 재미있다) 도로 들여놓은 일이 있지만, 그 뒤로 새들은 잘 적응해서 그들만의 공간에서 지낸다. 오히려 문제는 새똥이 문제였다. 새장에서 키울 땐 새장 바닥만 치우면 되지만 이제는 베란다 전체가 새똥으로 더러워져 주기적으로 치워주는데 장난이 아니다.

열대어를 키우는 어항에 모이를 사러 갔다가 수조에 붙어있는 다슬기가 보이길래 몇 마리 얻어다 작은 연못에 던져 놓았는데 어느 날 보니 조그만 새끼가 꼬물꼬물 기어 다니더니 어느 순간 연못 전체로 퍼져서 이제는 그 수를 헤아릴 수 없다. 또 한 번은 시장에서 민물새우를 파는데 이놈이 살아있기에 천원어치를 사다가 연못에 풀었다. 다음날 보니 풀어놓은 새우 대부분이 붉게 변하여 죽어있었고 이들은 금붕어와 거북이의 먹이가 된다. 그렇게 새우를 잊어갈 때쯤 물속에서 아주 작은 것이 눈에 뜨였다. 무얼까 돋보기를 쓰고 찬찬히 들여다보니 아주 작은 새끼 새우들이다. 그래서 돌들을 들추고 구석구석 살펴보니 서너 마리의 어미 새우를 찾았고 그 새끼 새우들의 출현을 알 수 있었다. 새끼새우는 수십 마리가 넘는다. 새끼새우는 물가의 얕은 물이나 돌 틈을 떠나지 않는다. 금붕어는 몸을 옆으로 틀어 돌로 막아놓은 경계석을 자연스럽게 넘어 작은 새우 새끼들을 잡아먹는다. 새우 식구가 늘면서 다슬기 식구는 현저하게 줄었다.

나의 작은 연못의 최대 포식자는 금붕어다. 의외로 거북이는 먹이로 주는 마른 새우와 부레옥잠의 뿌리 잎 등을 먹는다. 내가 만든 작은 세상에도 질서는 존재하고 먹이사슬도 돌아간다. 난 베란다에 준비한 낚시 의자에 앉아 담배도 피우고 생각도 하고 때로는 작은 세계를 바라보며 머릿속을 비우기도 한다.

어느날 내가 꾸민 이 작은 세상에서 나를 본다면 그들에게 나는 하늘이다. 난 그들에게 먹을 것과 쉴곳 그리고 내 의지에 따라 그들의 생사여탈을 좌우할 수 있다. 연약한 인간인 내가 어떤 대상에게는 세상을 만든 창조주요 모든 것을 관장하는 하늘일 수 있다는 생각이 든다.

한 살씩 나이를 더하며 이제는 내가 하고 싶은 일보다는 할 수 있는 일을 찾는다. 못 가진 것에 불평하기보다 지금까지 가진 것에 감사하고 아내와 아이들 건강하고 크게 빗나가지 않고 바르게 커준 것에 감사함을 느낀다. 때론 새로운 욕망이 생겨날 때 이것이 내게 필요한 것인지 이 세상에 누가 되는 것은 아닌지 한번쯤 다시 생각하는 여유도 생겼다.

나이를 먹는 다는 것이 그렇게 나쁜 일 만은 아닌 듯 싶다.

조연

나이 육십을 넘기고 보니 '이젠 내 인생에서도 조연이구나' 생각한다. 내 머리는 아니라고 강한 부정을 해도 주위의 모든 일들이 내가 주연에서 점차 역할이 줄어들고, 해야 할 일의 중요도가 줄어들어 내 인생에서 조차 자연스럽게 조연을 하게 된다. 이마저도 조금 더 지나면 단역으로 변하고 궁극적으로는 무대에서 퇴장하겠지만 말이다.

그래도 난 다행으로 조연을 가볍게 받아들였다. 일에 중압감에 시달리는 것이 싫었고 또 과중한 일 또한 싫었기에 어쩌면 주연에서 조연으로 역할이 바뀐 것을 기뻐할 지도 모르겠다.

주위에서 이미 조연인데 아직도 자신이 주연이라 생각하고 주위사람들과 사소한 분쟁을 일으키고 때로는 얼굴을 붉히는 것을 가끔 본다. 안타깝다. 무엇이 아쉬워서 그리 내려놓지를 못하는지 나이도 벼슬이라 했다. 욕심내지 않고 조연역할만 잘해도 아니 단역역할만 잘해도 충분히 대접받는데, 굳이 주연까지 하려들까? 젊은이의 사랑 영화에서 노인이 주인공을 하면 이상하듯이, 이제는 중장년층이 주연을 하고 우리는 그냥 조연만 하자. 그래도 아직 확실한 주연을 할 기회가 한번은 남지 않았는가? 그대의 장례식 때 말이다.

시계탑

점심 식사 후 비타민D 합성도 할 겸 오랜만에 서울역 주변을 어슬렁거리다 문득 내 시야에 들어온 것이 있다. 시계탑이다. "아!" 짧은 탄성과 함께 "아직도 시계탑이 있네."라는 말이 나도 모르게 튀어나왔다. 구 서울역을 박물관으로 대체하고 현대적이고 날렵한 새로운 서울역을 지으며, 광장에 있던 커다란 콘크리트 구조물의 시계탑은 더 이상 서울역에 어울리지 않는 조형물로 없어진 줄 알았다. 새 시계탑은 콘크리트로 커다랗고 높게 지어 서울역 광장 어디에서도 잘 보이게 만든 것과는 달리 크지는 않지만 예쁜 시계 아래에 종이 달려 있었다. 주위 건축물과 잘 어우러지게 나름대로 멋을 부린 시계탑이 의식하지 않으면 일반부조물로 여길 만큼, 있는 듯 없는 듯 한자리를 차지하고 있다.

중학교, 고등학교 졸업 기념으로 오리엔트 시계를 선물 받던 조금 오랜 시절, 서울역을 이용하는 많은 사람이 이 시계를 보고 출근을 서두르며 종종 걸음을 했고, 그리 오래 지나지 않은 날 지금처럼 휴대폰이 흔하지 않아 휴대폰을 꺼내들면 주위의 사람들이 쳐다보던 시절까지 서울역의 시계탑은 지나치며 으레 한번쯤은 쳐다보고 지나갔다. 꼭 시계가 없어서 만은 아니었다.

시계탑의 역할은 시간을 알려주는 기능보다는 만남의 장소였다. 열차를 이용할 때 일행이 있으면 그 넓은 서울역 어디에서 만날지 항상 걱정이었고 근처에 일행을 두고도 한참을 찾는 일은 다반사였다. 그럴 때 근심을 덜어주는 장소가 바로 시계탑이었다. "서울역 앞 시계탑, 아홉 시 삼십 분." 전화에서 들려오는 약속장소는 늘 이런 식이었다. 특히 이맘때면 빨간색, 파란색 원색의 등산복을 입고 배낭을 하나씩 메고는 시계탑 앞에서 두리번거리며 일행을 기다린 경험이 한번쯤은 다 있을 것이다. 조금 여유가 있는 사람은 그 많던 역전 다방에서 차 한 잔을 마시며 기다리지만 주머니가 가벼운 서민과 학생들에게는 넓은 광장 어디에서나 잘 보여 찾기 쉽고 따로 돈이 들지 않는 아주 만나기 좋은 장소인 것이다. 그래서 일까 시계탑 앞은 늘 사람들로 북적이고 시계탑 앞의 작은 벤치나 쇠로 만든 기둥들은 잠시 앉아 쉬기에 제격이고 그나마도 없을 때는 신문지를 깔고 앉기도 하였다. 서울역 앞의 시계탑에는 아마도 수많은 사연을 갖고 만남과 이별을 위한 사람들 모여들었을 것이다.

이제는 저마다 휴대폰을 지니고 있어 대충 "서울역 앞 열 시."하고는 서울역에 도착해서 전화를 하고는 "지금 어디야 나 지금 도착했어."라고 하면서 서로의 위치를 확인하기에 시계탑이 그 자리에 그렇게 있어도 사람들이(내가) 거기에 있는 줄 몰랐을 것이다. 시계탑은 이제 시계의 기능도 만남의 기능도 상실했다. 시계탑은 이제 그 자리에서 자랑스러운 새 서울역의 한 부분으로 그냥 그렇게 자리를 지키고 있다.

조금씩 나이를 먹으며 이제는 서울역 시계탑 같은 예전의 사랑은 잊혀가지만, 나 역시 지금 이 자리에서 지금의 시계탑처럼 그렇게 자리를 지키며 이 사회의 한 구성원으로 또 그렇게 살아야겠다.

손기정 공원과 축구 이야기

지난 15일 손기정공원에서 수도권지역본부장배축구대회가 있었다. 내가 세상에서 제일 싫어하는 운동은 축구와 등산이다. 운동신경이 남다르게 뒤지는 탓도 있겠지만, 손으로 하는 운동은 남들만큼 하는 것을 보면 아마 발로하는 운동에 재미를 못 느끼는 탓이 크리라. 예를 들어 젊었을 때, 전·후반 90분을 뛰어도 공이 내 발에 맞는 경우가 서너 번을 넘지 못하니 재미를 느낄 수 없다. 그에 반하여 농구는 비교적 큰 키로 항상 게임에서 중요한 위치를 차지했다. 그런 나에게 원치 않는 기회가 왔다. 경의선 T/F팀 선수가 절대부족(전원 참가)하여 이번 게임에 참석하게 되었다. '기왕에 뛰는 거 열심히 하자.'는 생각에 남들이 보기에는 별로 하는 것이 없어도 정말 죽어라 뛰었다. 결과는 1:0 패배, 하지만 아쉽지는 않았다. 적은 인원과 특별한 선수 없이 선전했다고 생각한다.

한 아이가 부모의 몸을 빌어 세상에 태어나서 다시 흙으로 돌아갈 때까지, 인간은 평생을 경쟁하고 승부를 벌여야 한다. 어려서 장난감과 먹을 것을 가지고 또는 부모의 사랑을 가지고 경쟁하고 학생이 되어서는 성적과 입시로 경쟁하고 커서는 생활하고 진급하기 위하여 경쟁하고 죽는 순간까지 일과 병으로부터 경쟁한다. 나는 경쟁을 소중하게 생각한다. 경쟁이 발전을 가져오기 때문이 아니라, 경쟁이 행복을 가져오기 때문이다. 굳이 스포츠가 아니더라도 정당하게 경쟁해서 이겼을 때 느끼는 희열을 한번쯤은 느껴보았으리라. 설사 졌더라도 '이정도면 열심히 했어, 다음에 더 잘하면 되지.'하는 만족감도 느꼈으리라 생각한다. 경쟁과 승부는 발전을 가져다주지만 더불어 살아가는 행복과 만족감을 함께 준다.

"넘치면 부족한만 못하다."라는 말이 있다. 경쟁과 승부는 과정이 정당해야하고 그 정도가 상식의 수준을 넘으면 안 된다. 예를 들어 바둑에서 졌다고, 판을 뒤 엎고 분을 못 삭이는 사람을 종종 본다. 경쟁 상대에 따라서 꼭 이기고 싶었기에 더욱 분할 순 있다. 하지만 바둑은 바둑일 뿐이다. 바둑으로 인생이 바뀌지 않는다. 일생을 바꿀 수 있는 경쟁이라면 모든 것을 걸고 경쟁해야 하지만, 그다지 소중한 일이 아니라면 최선을 다하는 자세는 좋지만 지더라도, 나로 인해 이긴 사람이 행복할 것이라는 생각을 하면 이 또한 의미 있는 패배가 아니겠는가.

"작은 것에 목숨 걸지 마라."

손기정공원은 양정중고등학교가 이전하면서 그 부지에 세워진 것이다.

내가 1976년에 양정중학교를 졸업했으니까 근 30년 만에 옛 교정을 걸어보았다. 많은 부분이 바뀌었으나 중학교 3학년 교실 및 옛 교무실이 여전하다. 눈이 오면 미끄럼 타던 언덕길 밴드부 앞에 세워놓은 큰 북을 지나가다 한번 쳐본 죄로 "밴드부에 가입할래? 맞을래?" 결국 두어 대 맞고 나왔던 웃을 수밖에 없었던 기억들……. 그리고 지금도 그 자리에 서 있는 월계수나무, 작아졌지만 열심히 뛰던 운동장(축구장) 등 기억이 새롭다. 나는 잠시 스쳐가는 사람이었지만 나무와 교사 그리고 추억은 아직까지 그곳에서 나를 기다리고 있었다. 아마도 내가 잊더라도 그들은 거기에서 나를 기다릴 것이다.

새벽 김밥

내가 김포로 출근하는 도로변 졸음 쉼터 같은 곳에 매일 새벽 김밥을 파는 부부가 있다.

대개는 남자 혼자서 김밥을 판매를 하는데 가끔 아내로 보이는 여자 분과 함께 팔기도 한다. 직장생활 이후 조기 출근이 몸에 배어 삼년 여를 같은 곳을 지나가며 주 일회 정도는 김밥을 사먹는다. 김밥은 다른 김밥 집과 크게 다르지 않으나 아욱국, 배춧국, 오뎅국 등 국물을 칼칼하게 만들어 조그만 일회용 그릇에 담아 김밥과 함께 주는데 그 국 맛이 아주 좋다. 짧은 대화 "안녕하세요?" "감사합니다." 만 가지고 판단하기는 어렵지만, 남자분이 조금 지능이 부족해보였다. 하지만 언제나 밝은 목소리로 인사하고 보온상자에서 김밥 한 줄과 국물 한 그릇을 1회용비닐봉지에 담아 내미는 모습은 언제나 씩씩하고 명랑하다. 짐작컨대 아내는 한밤중부터 밥을 짓고 단무지와 햄을 썰고 계란을 부치고, 미리 재어놓은 오이와 우엉을 다듬고 홍당무를 볶아 여러 김밥 속을 준비하고 국을 끓이고 정성스럽게 포장을 한 다음 해뜨기 전 남편을 깨울 것이다. 남편은 준비된 김밥을 차에 싣고 이곳에 주차한 후 '새벽 김밥'이라는 입간판을 길가에 세우고는 손님을 기다린다. 김밥을 사다보면 화물차 기사분이라든가, 아니면 같은 시간대에 한 두 번은 본 듯한 차들을 보게 되는 것으로 짐작컨대 단골도 꽤 있는 것 같다. 비가 오는 날이나, 정말 추울 때는 살짝 걱정도 되고 어쩌다 그 자리에 없으면, 다 팔고 돌아 간 건지 감기라도 걸려서 못 나온 건지 염려도 하게 된다.

아무튼 그 부부가 좀 더 건강하게 그 곳에서 새벽김밥을 팔았으면 좋겠다. 그 부부로 인하여 새벽을 여는 여러 사람의 배가 든든하고, 지금보다는 사회가 더 건강하고 활기차기를 기원한다.

난 지금 무얼 하고 있나

난 이제 치열한 삶이 싫다.
누구와의 경쟁을 넘어 점점 접촉이 싫어진다.
혼자만의 세계에 나만의 나라를 만들고
그 고치 안에서 몸을 동그랗게 말고
최소한의 움직임으로 살고 싶다.
언젠가 성을 부수고 날개를 펼지,
그런 시간이 올지
아니면 그 안에서 잠들지 알 수 없지만
지금은
그냥 그냥 그냥…….

퇴직한 지 일 년 삼 개월이 됐다. 시골에 가서 시간을 가지고 글을 쓰다가 지치면 텃밭에 나가 잠시 일하고, 좋은 글 한 편 쓰고자 한 지 수개월이 지났지만 좋은 글을 쓴 것도 아니고, 이렇다 하게 한 일도 없고 또 좋은 농사꾼도 되지 못했다.

난 지금 무얼 하고 있나?

꼭 의미 있는 일을 해야 하는 것은 아니며, 때로는 멍 때리고 시간을 보내는 것 또한 좋은 일이지만 지금 난 가슴이 먹먹하다.

복권을 살 때 큰 기대는 안 하면서도 살짝은 대박을 꿈꾸며 기다리는 사람처럼, 사유가 아닌 상상으로 시간을 흘리며 다소 무기력한 삶을 살고 있다.

몽구

우리 집에서 기르는 개 이름이 몽구다. 왜 몽구냐고? – 그냥 – 부르기 편하고 듣기 좋구. 애들이 지었다. 이제 6개월 된 수컷 풍산개다. 제법 커서 15kg이나 된다. 들면 제법 무겁다. 하지만 하는 짓은 아직 애기다. 우선 자라는 기간이라 그런지 먹는 것을 너무 탐하고 산책이라도 할라치면 어디로 튈지 몰라 목 끈을 잘 잡아야 한다. 특히 어린 아이를 보면 무조건 놀자고 달려든다. 어린아이 입장에는 많이 놀랄 일이다. 성격은 비교적 온순하고 작은 개가 엄청 짖으며 덤벼들면 꼬리 내리고 피하는 것을 보면 겁도 조금은 있는 것 같다. 개를 기르며 새삼 느끼는 것이 어린아이 하나를 키우는 정성이 들어간다. 끼니를 챙겨주고 수시로 물을 주며 예방주사, 검진 거기다 놀아주기까지, 거기다가 심심하면 사고 친다. 개를 기르는 이유는 많겠지만 무엇보다 주인과의 교감이라 생각한다. 외출했다 돌아오면 사정없이 꼬리를 흔들며 반기는 모습이나, 뭐라도 먹을 때면 옆에 와서 처량한 모습으로 쳐다보는 행위, 또 밖에 나가면 신나서 뛰노는 모양이 참 보기 좋다.

사람들이 개를 부를 때 '엄마, 아빠'라고 하는데 나는 개를 식구로 인정하지 않는다. 개는 아무리 예뻐도 개일 뿐, 사람과 동격일 수 없다. 아무리 좋은 개도 세상에서 가장 나쁜 사람보다 가치 있게 여겨서는 안 된다. 하지만 어떤 면에서 개는 사람보다 정직하다. 속마음을 숨길 줄 모르고 또 흉악하지도 않다. 속마음을 숨길 줄 모르는 게 꼭 좋은 것만은 아니지만, 요즘 같이 복잡하고 어려운 세상에는 조금 부럽기도 하다.

어제 시골집에 선룸이라는 조그만 공간을 마련했다. 차도 마시고 햇볕도 받는 공간이지만 무엇보다 개를 기를 공간이다. 집안에서 키울 순 없고 엄동설한에 밖에 내보내기도 살짝 미안했고 아직은 어려서 집안에서 키웠었다. "이제 봄도 다가오고 덜 추운 공간을 마련했으니 밖으로 내보내야지." 개를 키우며 느낀 바지만 사람이 개에게 주는 사랑 이상으로 개도 사람에게 사랑을 베푸는 것 같다.

글 쓰는 재미

2006년 더운 여름 날 학위수여식이 있었다. 두 해 반의 시간과 노력 끝의 산물이었으나 그렇게 좋지만은 않았다. 내일이면 반백을 바라보는 나이에 처자식이 있고 안정된 직장이 있는 내가, 캥거루족처럼 학교를 떠나는 것이 두려워서는 아니다. 그동안 소설을 써야겠다는 생각은 늘 있었지만 어떻게 써야할지 몰랐고, 또 어렵게 시작해도 조금만 어려움이 닥치면 바쁘다는 핑계로 쉽게 포기했다. 그럭저럭 보내오다 이상우 교수님을 만난 것은 나에겐 기회였다. 시작은 있었으나 끝이 없던 나의 소설은 작고 모자라지만 두 개의 작품을 완성할 수 있었다. 학교생활을 시작하고는 주위에 항시 글 쓰는 친구가 있었고, 수업을 듣다보면 어느새 느슨해지는 마음을 다시 추스르게 된다. 학위를 받는 것은 나에게 한없이 기쁜 일이나, 학교를 벗어나는 것은 곧 예전의 생활로 돌아가는 것을 의미한다. 마음만 있고 행동이 뒤따르지 않는 생활이 눈에 보이기에 또한 즐거울 수만은 없다.

한 청년이 있었다. 누구보다 책을 많이 읽었고, 사고의 깊이도 또래 보다는 깊었다. 글 쓰는 것에 열정은 있었으나 뛰어난 재능은 없기에 그리고 먹고 살아야 한다는 경제적 이유로 청년은 글쓰기를 접고 엔지니어가 된다.

나름대로 열심히 살아 자기 분야에서 후배를 가르치는 정도의 수준에 오르고 편안한 가정과 안정된 직장이 그동안의 수고를 대신하지만 그래도 한구석 허전한 마음은 지울 수 없다.

그 청년은 세월이 지나 장년이 되었어도 그 부족함이 무엇인지 알 수 없었다.

명지대학교 문예창작과를 선택한 후에도 그 허전함이 예전에 접었던 글쓰기였는지 확신할 수는 없었다. 하지만 소설을 배우고, 시를 배우고, 희곡을 배우며 사는 재미를 느꼈다면 지나친 것인지 모르겠지만, 배운다는 것이 이토록 즐겁게 느껴진 것은 그의 생에 처음이었다.

글 쓰는 방법을 안다면 지나친 자만이겠지만 소설을 재미있게 읽을 줄 알고 밑줄을 긋고 생각하고는 다시 한 번 읽는 재미, 예전에는 손에 잡히는 데로 읽고, 읽고 싶은 것만 읽곤 하였다. 곰삭은 음식은 오래 씹을수록 그 맛을 알 수 있듯이, 이제 조금은 소설의 재미를 알 것 같다. 더불어 나도 이렇게 쓰면 되지 않을까 하는 생각도 든다. 또 그렇게 한번 써보고…….

요즘은 글 쓰는 재미가 쏠쏠하다. 회사를 그만두고 글만 쓸까하는 교만도 부려본다. 세상에 내 놓은 자식들이 자립할 능력만 되면 결행하리라.

내가 다니는 회사는 정년 일 년 전에 사회적응 기간이라 하여 일 년의 시간을 준다. 물론 놀아도 월급은 준다. 얼마 전 사회적응 기간에 들어간 한 선배가 보름을 못 넘기고 출근을 했다. “쉬시지 왜 나오세요?”라고 했더니 “심심해. 집에서는 내가 할 일이 없어. 집안일에 이것저것 관심을 가졌더니 집사람이 당신은 나가는 게 도와주는 거야.” 라고 해 등 떠밀려 출근을 했단다. 집에서는 할 일이 없고 새삼스레 끼어들기도 어색하고 “회사가 편해.” 난 그분이 정말 안쓰러웠다. 평생을 일만 하신 분, 놀아보지 못한 사람, 즐길 줄 모르는 사람이다.

그래서 나는 행복하다. 안사람과 자식이야 보통 다 가진 것이고, 그밖에 난 아직도 하고 싶은 것이 너무 많다. 째즈피아노를 배워서 사랑하는 여인 앞에서 멋지게 연주도 하고 싶고, 스킨스쿠버를 배워서 바다 및 세계를 보고도 싶고, 전에 조금하던 사진을 좀 더 배워 카메라 하나 메고 전국을 돌고도 싶고, 요즘 배운 골프도 하고 싶고 무엇보다 하고 싶은 글을 시간에 구애 받지 않고 실컷 써 보고 싶다. 그래서 난 행복하다.

글을 쓴다는 것

문예 중에서 글을 쓴다는 것에 대하여 글을 쓴다는 것과 인생에 대하여 얘기를 하고 싶다.

학창시절 책읽기를 좋아했거나 조금이라도 문예를 사랑했다면 한번쯤 서너 줄의 시 한 편, 원고지 몇 장 정도의 수필 한번쯤은 써보았으리라. 책이 좋아서 책을 가까이 하다보면 나도 한번 글을 써보고 싶다는 욕심이 생긴다. 그래서 글을 쓰게 되고 처음으로 어렵게 시나 수필이나 어떤 것이든 한 편을 완성하고 나면 가슴 깊이 젖어오는 뿌듯함이 있다. 몇 편의 글을 쓰다보면 그중 잘된 것을 골라 누군가에게 한번 보여주고 싶다. 그래서 가장 가까운 이에게 마치 시험답안지의 채점을 요구하듯이 두근거리는 마음으로 읽혀본다. 가까운 이가 '좋다'는 소리가 나오면 그리 기쁠 수가 없다. 이번엔 자신을 얻어 여기저기 보여주고 재삼 확인하게 된다. 그쯤 되면 '어디에 한번 응모해보라'는 권유도 받게 되고 시험 삼아 응모한 글이 활자가 되어 책이 나왔을 때 더구나 "증정"이란 자기 글이 실린 책을 받았을 때 그 기쁨은 누려본 자만이 알 수 있다.

아마 작가는 이렇게 하여 탄생되나 보다. 하지만 글을 쓴다고 하여 모두 작가가 되지는 않는다. 자질이 있다 해도 전념하지 못하거나 또는 글을 쓴다는 것을 직업으로서보다 자기 취미로 하는 사람이 많기 때문이다. 난 시간이 나는 대로 글을 쓰고 틈 있는 대로 책을 가까이 하고 있다. 내 주위에 책을 좋아하거나 시간이 있는 사람에게 난 조금씩이나마 글을 쓰라고 권유한다. 글을 쓴다는 것은 자기 인생을 되돌아볼 수 있는 차분한 시간을 마련해주기도 하고, 가치관을 정리해줄 뿐만 아니라, 그 이외에도 생활을 부드럽게 하여주는 취미 생활이기도 하다.

직장인이라면 누구나 정년이라는 것이 있다. 싫건 좋건 직장인에게는 사형선고나 다름없는 정년을 몇 년 앞둔 나이 드신 분을 뵈면 정년 후 무엇을 할까 무척 고민을 한다. 왜 고민을 할까? 굳이 자신이 생활을 책임져야 할 정도는 아닌데, 대개의 경우 시간이 많고 할 일이 없기 때문이다. 무엇이라도 해서 소일을 해야할 텐데 평소 시간에 쫓기어 늘 하던 일만 하다 보니 타성에 젖어 그 무엇을 준비 못한 것이다. 아직 나이가 있고 시간이 있을 때 그 무엇을 준비해놓자.

백수보험을 들것이 아니라 시간이 있는 대로 또 금전이 허락하는 대로, 조그맣게 원예도 좋고 새를 키우는 것도 좋고, 미술에 소질이 있다면 캔버스에 그림을 그려라. 또한 목공예도 훌륭한 취미가 될 수 있고 이런 것들은 정년 후에 그 나이에 맞는 알맞은 힘들이고, 작은 돈으로 즐길 수 있으며 잘하며 작으나마 수입원이 될 수 있다. 그중에서 책읽기를 좋아하는 사람이라면 글 쓰는 것을 추천하고 싶다. 단순히 책을 읽는 것은 나이 들어서도 얼마든지 할 수 있지만 글을 쓴다는 것은 젊어서 조금씩 조금씩 글 쓰는 습관을 붙여라.

이것은 단시일 내에 이루어지기 힘들기 때문이다. 정년 후 그 나이에 무슨 글을 쓸 런지 모른다. 세르반테스는 돈키호테를 그의 나이

오십이 넘어 썼으며 박완서 씨는 아이 다 키운 마흔이 넘어 문단에 등단했다. 아니 오히려 나이가 들면 들수록 살아온 인생 경험이 풍부하기에 진솔하고 깊이 있는 글이 될 수 있다. 꼭 문예작품만 쓰라는 것은 아니다. 무엇이든 좋다. 정 쓸 것이 없다면 자기 살아온 인생을 정리하는 의미에서 회고록을 써도 좋다. 회고록이란 결코 세상에 크게 이름을 날린 자만이 쓸 수 있는 것은 아니다. 우리네들 같은 보통 사람들도 얼마든지 쓸 수 있고 어떤 면에서는 그것이 더 공감을 줄 수 있다. 책을 사랑하고 글을 사랑한다면 우리 한번 가끔씩이라도 아주 작은 것이라도 글을 써보자…….

세상이 점점 편리한 방향, 쉬운 쪽으로 흘러가고 있다. 편지보다는 전화가, 책보다는 TV가, 메스미디어 문화에 활자 문화가 자꾸만 구석으로 몰리고 있다. 활자를 가까이 하는 것이 조금은 더디고 힘들지 모르지만 그만큼 우리의 인생을 풍요하게 하여준다.

정비석 선생의 『소설작법』이란 책 중에서 이런 구절이 떠오른다.

글을 쓰려면

첫째, 많이 읽어라(多讀).

둘째, 많이 생각하라(多思).

셋째, 많이 써라(多作).

J에게

해가 바뀌고 어느새 서너 달의 시간이 지났습니다. 한 해 한 해 나이를 더해갈수록 생각이 깊어지고, 쓸데없는 사소한 것들이라고 무시해 버리던 것들이 하나하나 소중하게 가슴에 와 박힙니다. 하늘은 날로 푸르고 쇼윈도의 의상이 하나 둘 화사한 색상으로 바뀌면서 여기저기서 청첩장이 날아오고 나 또한 결혼할 나이에 이르고 보니 결혼이라는 것에 대하여 새롭게 의미해봅니다. 본디 가치관이라는 것이 성장해 가면서 배우고 느끼며 깨달아 성숙해 갑니다.

우리는 아직 이십대입니다. 주위에서 누가 무엇을 얼마만큼 소유하고 있든지 그것에 지나치게 집착하지 맙시다. 설혹, 우리에게 가진 것 또한 이렇다하게 내세울만한 것이 없더라도 우린 아직 젊기에 그것 하나만으로도 우리에겐 큰 자산입니다. 세상이 어떠하든 우린 우리의 길을 갑시다. 인생이란 짧다면 더없이 짧지만 길다면 무척이나 긴 인생입니다. 우리는 아직 우리 생의 절반도 살지 못했습니다. 서두르지 맙시다.

이런 얘기가 있습니다. 옛날 어느 숲속 한 마리 사슴이 살았습니다. 어느 날 사슴은 물을 마시러 연못에 갔다가 물속에 비친 자기 모습을 보았습니다. 잘생긴 용모에 수려하게 뻗쳐 올라간 뿔은 그의 자태를 더욱 아름답게 만들었습니다. 그런데 그는 그의 발을 보고 실망을 느꼈습니다. 투박스러운 발등, 단단하고 거치른 무릎, 길고 야윈 볼품없는 다리는 도저히 그의 자태에 어울리지 않는 모습이었습니다. 사슴은 생각했습니다. "나에게 이 볼품없는 다리만 없다면 나는 더욱 아름다울 텐데."하고 말입니다. 그때였습니다. 이상한 느낌에 뒤를 돌아본 사슴은 그만 깜짝 놀랐습니다. 커다란 호랑이 한 마리가 굶주린 모습으로 다가오는 것이었습니다. 사슴은 놀란 가슴을 안고 뛰기 시작했습니다. 정신없이 뛰는 사슴이 그토록 아름답고 귀하게 여기던 뿔은 나뭇가지에 걸리고 수풀에 쓸리며 그의 도주를 방해했습니다. 그런데 그의 볼품없는 다리는 잡목 숲을 헤치고, 돌다리를 뛰어 넘어 그의 목숨을 구했답니다. 우리는 진정 우리에게 소중한 것이 무엇인지 다시 한 번 생각해봅니다.

큰 보자기가 더 많은 것을 덮을 수 있습니다. 우린 신이 아닌 인간이기에 완벽할 수 없고, 결함이 있기에 고뇌하고 번민하며 알에서 깨어나는 고통을 겪으며 좀 더 성숙된 인간으로 커가는 것이라고 여겨집니다. 우리는 사랑이란 큰 보자기로 우리의 부족함을 서로 덮어주고 감싸주며, 우리의 남은 생을 아름답게 삽시다. 시간이 흐르고 일이 생각대로 풀리지 않는다 하여 불안해할 필요는 없습니다. 우리가 지니고 있는 애정이 지나가는 바람이 아니듯이 당신을 향한 저의 사랑 역시 절대적이기 때문입니다. 흑이 아니면 백이어야 하는 극한 상황으로 우리를 몰고 가지 맙시다. 최선의 길이 불가능하면 차선의 길도 있는 법입니다. 순간순간에 정성을 쏟고 노력한다면 설령 우리의 일이 뜻대로 안 되었다 하여도 우린 가장 소중한 것을 잃지는 않았기에 행복할 수 있습니다. 저는 저 자신이 당신에게 기울일 수 있는 애정을 함께했습니다. 사랑은 사랑만으로도 아름다울 수 있기에 내 모든 것을 다 잃어도 당신만은 얻고 싶습니다.

어제 동문회에서 한 교수님과 얘기를 나누었습니다. 자연히 얘기가 결혼문제로 흘렀습니다. 그분이 결혼한 지 19년이 지난 지금에야 아내가 자기마음을 이해하여 준다고 말입니다. 그래서 요즘은 더없이 행복하다고. 또 얼마 전 신문에서 이런 기사도 읽었습니다. 쉰이 넘어 출근하는 남편 배웅을 나갔는데 축 늘어진 어깨가 애처로워 그냥 "여보!"하고 불렀답니다. 그랬더니 남편이 돌아보며 "왜?"하고 묻더랍니다. 아내는 남편을 향해 "미안해요."라 하고 남편은 "고마워."라 했답니다. 그 뒤 그 노부부는 더욱 행복했다고 합니다.

우린 무척 긴 시간을 함께 보냈습니다. 아직 노부부의 경지에 이르지는 못하겠지만 먼 훗날 우리는 행복하다고 말하리라 확신합니다. 제가 당신을 믿고 또 당신이 나를 신뢰하는 만큼 우리는 아름다울 수 있습니다. 우리에게 건강한 젊음과 상대의 허물을 아름답게 감싸 줄 수 있는 큰 보자기가 있는 한 우리는 더없이 행복할 수 있습니다.

"사랑이라는 큰 보자기가 더 많은 것을 덮을 수 있다는 것을……."

조선상고사

먼저 나는 역사학자도 아니오, 국사를 별도로 공부해본 일이 없는 그저 남들처럼 평범한 교육을 받은 보통의 사람임을 밝혀둔다.

책방에서 호주머니에 넣고 다니며 읽을 만한 문고판 책을 고르다 단재 신채호 선생이 저술한 『조선상고사』 라는 책이 눈에 뜨인 것이 책을 읽게 된 동기다. 가슴 속 깊은 곳에서 무엇인가 솟구쳐 오르는 흥분과 전신을 파고드는 야릇한 전율을 혼자만이 맛볼 수 없어, 보다 많은 사람들에게 이 책을 알리고자 이렇게 독후감을 쓰게 되었다.

『조선상고사』 는 우리나라의 부족시대로부터 백제의 멸망까지를 적은 역사서이다. 일반 역사소설이 아니므로 일견 딱딱하고 재미없게 느껴지는 것도 사실이나 고조선시대로 부터는 우리가 몰랐던 새로운 내용에 접하면 없던 재미가 새록새록 느껴지는 그런 책이다. 굳이 이 책을 꼭 읽어보라고 권하는 것은 십수 년 간을 교육을 받은, 그래서 내가 알고 있는 국사와는 너무나도 큰 차이(역사를 보고 이해하는 관점)를 발견했기 때문이다. 자세한 내용은 여러분이 한번 직접 읽어 보시기를 바라며 몇 가지 사항만 기술하여 본다.

"단군이 처음 평양에 도읍하였다가 뒤에 구월산(九月山)으로 옮기고, 그 자손에 이르러서는 기자를 피하여 북부여(北扶餘)로 갔다고 하지만은 이도 또한 근거 없는 망령된 말이다. 무릇 구월산에 도읍을 옮겼다 함은 고구려사에 초록(抄錄)한 위서(僞書)의 '단군왕검이 아사달에 나라를 세우고 국호를 조선이라 하였다'고 한 구절로 인하여 아사(阿斯)를 음이 아홉(九)에 가깝고, 달(達)은 음이 달(月)과 같다 하여 마침내 구월산을 아사달이라고 하는 것이지마는, 구월산은 황해도 문화현에 있는 산인데, 문화현의 옛 이름이 궁홀(弓忽)이요, 궁홀은 이두문의 '궁골'로 읽을 것이니, 궁골에 있는 산이니 궁골산이라 한 것으로서, 마치 개홀(皆忽)에 있는 산이므로 개골산(皆骨山)이라고 한 것과 같은, 어찌 궁골산을 구월산이라 와전하였으며, 구월산을 아홉달산으로 억지 해석을 하여 아사달산으로 망령되게 증거하니, 어찌 가소로운 일이 아니랴. 아사달은 이두문에 '스대'로 읽는 옛말 소나무를 '스'라 하고 산을 대라 한 것이니 지금 합이빈(哈爾賓 : 하얼빈)의 완달산(完達山)이 곧 아사달산이다.

"...... 중략 ...."

"고구려의 연대가 900을 800으로 고쳐 705년이라는 위증(僞證)의 연대를 만들었다. 이는 고대 건국의 선후로 국가의 지위를 다투었음으로 신라가 그 건국이 고구려와 백제보다 뒤짐을 부끄러히 여겨, 두 나라를 멸망시킨 뒤에 기록상의 세대(世代)와 연대를 줄여 모두 신라 건국 이후의 나라로 만든 것이다."

"여러 나라의 연대만 줄였을 뿐 아니라, 그 강역도 거의 다 줄여서 북쪽의 나라가 수 천리를 옮겨 남쪽으로 온 것이 한둘이 아니다. 강역은 또 어찌하여 줄여졌는가? 신라 경덕왕이 북쪽의 땅을 잃고 그 북쪽의 옛 지명과 고적을 남쪽으로 옮김이 첫째 원인이 되고."

"...... 중략 ......"

"고구려 안장왕은 문자왕의 태자이다. 그가 태자로 있을 때 한번은 상인 차림을 하고 개백(皆伯) – 지금의 고양(高揚)의 행주(幸州)에 가서 노는데 그곳 장자(長者) 한씨(韓氏)의 딸 주(珠)가 절세미인이었다. 안장이 백제의 감시원 눈에 띄어 한씨의 집으로 도망해 숨었다가 주를 보고 놀라 기뻐하며 마침내 몰래 정을 통하고 부부의 약속을 맺고는 가만히 주에게 '나는 고구려 대왕의 태자이니, 귀국하면 많은 군사를 몰아 이곳을 차지하고 그대를 맞아 가리라'하고 달아났다. 문자왕이 죽고 안장왕이 왕위를 이어 자주 장사를 보내어 백제를 쳤으나 늘 패하였고, 왕이 친히 나서 정벌하였으나 또한 성공하지 못하였다. 그런데 그곳 태수가 주가 아름답다는 말을 듣고 주의 부모에게 청하여 결혼하려고 하였다."

"...... 중략 ......"

"옥에 가두어 사형을 처하리라 위협하고 일변 온갖 달콤한 말로 꾀었다. 주가 옥중에서 노래를 지어 '죽고 죽어 일백 번 다시 죽어 백골이 진토 되고 넋이야 있건 없건 임 향한 일편단심 가실 줄이 있으랴.'"

"...... 중략 ......"

"단심가(丹心歌)는 정포은(鄭圃隱)이 지은 것이라고 하지만은 위의 기록으로 보면 대게 옛 사람이 지은 것, 곧 한주가 지은 것을 정포은이 불러서 이조태종의 노래에 대답한 것이며, 포은의 자작이 아닌 것으로 생각된다."

대저 역사란 모든 기록(문헌)을 토대로 작성하고 일부 불분명한 부분에 대하여는 때로 유추하기도 한다. 기존 이를 뒷받침하는 문헌이 있듯이 신채호 선생의 조선상고사 역시 여러 문헌을 근거로 제시하였다.

어느 것이 옳고 그르고 판단할 만한 능력이 내겐 없거니와 또한 그러고 싶은 마음도 없다. 다만 세상만사 동전의 양면같이 어느 한가지만 옳고 나머지는 그르다는 생각을 버리자. 이 글을 읽는 분께 간곡히 부탁하고 싶은 것은 우리의 역사가 수동적이고 뭉치지 못하고 침략을 당해서야 겨우 막아내는 그런 역사만이 아니라 대륙을 달리며 정벌을 하고 중원의 문화에 손색이 없는 우리만의 문화가 존재했다는 것, 그리고 우리의 몸에 흐르는 피에는 은근과 끈기만이 아닌 진취적이고 새로움을 향하여 나아가려는 창의성과 어려움을 당하여 화합하고 단결할 줄 아는 괜찮은 민족이라는 자부심을 가졌으면 한다.

끝으로 역사소설이지만 강무학 선생이 쓴 『광개토대왕』 1), 소설 『대병전』 2), 유현종의 『대조영』 3), 이문열의 『요서지』 4) 등 재미있게 읽을 만한 책들이 많다.

휴가를 떠나며 또는 여행을 떠나며 이런 책 한권 쯤 끼고 떠나 대자연에서 책과 함께 호연지기를 키워보는 것도 바람직 하리라본다.

---

1) 광개토대왕의 일대기로 어려서부터 북벌을 마칠 때까지
2) 임유대전의 강이식 장군부터 을지문덕 장군의 내용
3) 고구려 패망부터 발해 건국까지
4) 백제가 가장 발홍했을 때의 이야기로 중국의 요서 지방을 경영하던 시절

승부

그리 길지 않은 세상을 살아가며 우리는 수많은 승부를 해야 한다. 자의에 의하여 승부를 걸기도 하지만 대개의 경우 본인의 의지와 관계없이 승부에 임할 수밖에 없는 경우도 상당히 많다.

지난 일요일 임해봉 구단과 이창호 오단의 대국을 지켜보았다. 짧은 바둑 실력으로 그들의 바둑을 이해하기는 어려웠지만 해설자의 도움으로 그런대로 끝까지 관전할 수 있었다. 일반속기 바둑과는 달리 지루한 면이 많아 바둑내용 중간중간 두 대국자의 면면을 소상히 지켜보았다.

검은 안경테에 인생사를 모두 잊은 듯한 얼굴에 습관적으로 부채를 만지작거리는 임해봉 구단, 두터운 두 입술을 꼭 다물고 짙은 눈썹이 미동도 않는 무감동한 표정의 이창호 오단 두 프로기사의 면면에서 나름대로 냉철한 승부사의 모습, 그리고 무표정한 얼굴 뒤에 숨어있는 예리한 비수를 보았다. 진정 찰나의 실수도 용납지 않는 비정한 한판 승부인 것이다. 내가 처음 바둑을 대한 것이 고등학교 1학년 겨울방학 어느 한가한 일요일 한때로 기억된다. 나에게는 아홉 살 위의 형님이 한분 계시는데 그날 바둑판을 준비하고 나를 불렀다.

예전에 아버님과 형님이 바둑 두는 모습을 무척이나 부러운 눈으로 지켜보았던 나로서는 더할 나위없는 기쁨으로 다가왔은 나에게 바둑에 필요한 가장 기초적인 즉 한 번에 돌을 한 개씩 놓으며 전부 에워싸고 두 집이 나지 않으면 죽는 것이며 따먹기 전 '아다리'라 부르는 것 등 약 10분에 걸쳐 설명하고는 생에 첫 바둑을 두었다. 커다란 바둑판에 스물일곱 점을 깔아놓으니 온 바둑판이 모두 시커멓게 보이고 전부 내 집 같이 보이며 최소한 일렬로 담만 쌓아도 충분히 이길 승산이 있었기에 한 점 한 점 두어나갔다.

나는 집을 짓는데 백은 내게 다가와서 싸움을 걸고 계속 양보만 할 수는 없어 싸우다보면 어찌어찌 혹은 다 죽고 그 온통 시커멓던 바둑판이 하얗게 변하며 바둑을 끝내고 형님은 개가를 가르쳐주는데 개가라고 하여 보니 애써 지은 흑집은 사석으로 모두 메워지고 그러고도 사석이 남아 손에 한 움큼을 쥐고 방긋이 웃고 있다.

나는 오기도 나고 한편 약도 올라 다시 두기를 청했고 다시 두면 똑같은 실수를 되풀이하지 않을 것 같아 자신을 독려하며 2국으로 들어갔다. 최대한 머리를 짜내어 되도록 전쟁을 피하며 집을 지었지만 그놈의 낙하산 부대는 여지없이 후방에 침투하여 나의 마지노선을 무너트리며 백은 알토란같은 집을 짓고는 흑 대마를 몰살시키며 점점 바둑판의 빛깔이 하얀색으로 변해갈 때 나는 드디어 자제력의 한계를 넘고 내 이성은 감성에 패배하여(아니라면 판을 망쳐……, 최소한 진 것은 아님) 바둑판을 뒤엎고 방을 뛰쳐나와 마루 끝에 걸터앉아 씩씩거리고 있는데 바로 뒤따라온 형님이 세차게 빰을 쳤다.

그리고는 "세상을 살아가며 수많은 승부를 하게 돼, 지금 네가 나한테 바둑을 졌지만 네가 잃은 것이 무엇이냐, 또한 네가 잃은 것이 있다 해도 그것이 너에게 그다지 소중하지 않고 남이 가져서 더 소중한 것이라면 주어라. 그러나 네가 양보해서는 안 될 중요한 승부라면 머리가 터지게 싸워라. 하지만 지금 이 바둑은 네가 잃은 것이 없어."라 하고는 휑하니 나가버린다.

아버님한테도 한번 맞아본 일이 없는 나로서는 형한테 매를 맞은 분함을 못 이겨 집이 떠나가라 울었다. 얼마를 울고 나니 기분도 적잖이 풀리고 우울한 며칠이 지나서야 그 매의 의미를 깨닫고 지금까지도 나에게 승부에 대한 잣대 역할을 하고 있다.

우린 흔히 주위에서 작은 승부(내가 보기에)에도 지나치게 집착하여 언성을 높이고 화를 내며 심하면 완력이 오가는 경우도 종종 보게 된다. 또한 언쟁이 오가지는 않더라도 승부에 패하여 이를 인정치 못하고 여러 가지 되지도 않을 이유를 붙여 승복하지 못하는 경우도 본다.

우리 짧은 인생에서 그다지 중요하지 않은 승부라면 또한 이겨서 내가 얻는 소득보다 상대방이 더 많은 것을 얻을 수 있다면 생생내지 않고 자연스럽게 져줄 수 있으며 이것이 정의가 아니라면, 최소한 꼭 이기려고 아등바등하지는 말자. 그리하면 세상이 지금보다 조금은 더 풍요롭고 웃음이 많은 세상이 될 것을 확신한다.

어른과 어르신

우리말에는 나이 듦에 대한 다양한 표현이 있습니다. 늙은이라는 말이 있고 한자로 노인, 노인장이 있습니다. 노인장이 되면 존칭어가 되지요.

다음으로 어른이라는 말이 있지요. 어른은 얼이 큰 분입니다. 영적인 사람이라는 의미입니다.

마지막으로 어르신입니다. 얼이 커서 신이 된 사람입니다. 인간완성의경지에 이른 분입니다. 신인합일 정신의 표현이며 최고가는 존경입니다.

어른이나 어르신이 되려면, 홍익인간의 정신을 가져야 합니다. 모두가 행복해지기를 바라고, 모두를 이롭게 하는 정신을 갖고, 나이가 들면 어른이 되고 어르신이 됩니다. 그렇지 않고 나이가 들면 늙은이, 노인, 노인장이 되는 겁니다

우리말에 '점잖다.'라는 말이 있지요 어원은 "젊지 않다."입니다 즉 나이가 들면 나잇값을 하라는 얘기지요. 나이가 들었으면 점잖아야 합니다.

잇는 그대로의 자기를 드러 내는 솔직함도 때로는 필요합니다. 하지만 많은 경우 자기의 욕망(하고 싶은 것)을 억제하고 사회의 통념

을 따라야 합니다.

살수록 우리말이 아름답고 소중하게 여겨집니다.

예전 한글날 신문에서 읽은 글입니다.

우리는 벗은 몸을 표현하는 단어로 '알몸, 나체, 누드'라는 단어를 씁니다.

알몸은 주로 변사체 등 사건, 사고에 많이 쓰이고 나체는 사진, 영화 등 약간은 저급한 외설적 표현으로 사용되며 누드는 예술적인 고급스러운 표현에 사용됩니다.

'알몸'은 순수 우리말이고 '나체'는 한자어이며 '누드'는 영어입니다. 우리는 어떤 선입견에 갇혀 스스로 우리말을 지나치게 폄하하는 것은 아닌지 되돌아보게 합니다.

노인

'노인'이라는 용어가 부정적 인상을 준다는 서울시의 뜻에 따라 다른 명칭을 공모한 결과 어른, 웃어른, 현인, 혜인, 해듣이 등 여러 후보가 나왔으나 그중에 '어르신'이 가장 무난하다고 해서 뽑혔다.

서울시에서는 앞으로 공식문서나 행사에서 '노인' 명칭 대신 '어르신'을 쓰기로 했단다.

왜 '노인'이라는 용어가 부정적인 인상을 줄까?

옛날에는 노인이 별로 없어서 '노인'이라는 어휘에 지혜라는 뉘앙스가 풍겼었는데, 지금은 노인이 너무 많아서 노인이란 거추장스러운 존재로 떠오른다. 한국이 잘 살다 보니 먹는 것도 풍부하고 의술혜택도 충분히 받을 수 있어서 수명이 길어지기에 일어나는 현상인 것이다. 단군 이래 한국인의 수명이 지금처럼 길었던 시절은 없었다. 연구에 의하면 고려시대 귀족들의 평균수명이 39.7세였다고 한다. 34분 왕의 수명 평균치도 42.3세에 불과했다.

조선시대에는 더 보잘 것 없다. 평민들 평균수명이 고작 24세였었다니 믿기지가 않는다. 기근에 허덕여 영양실조가 만연했었고 유아 때 홍역이나 천연두로 사망하는 숫자가 많았기 때문이다. 양반들은 평균치가 53세이니 많이 산 셈이다. 조선시대 왕 27분의 평균수명도

47세에 불과했다. 양반이나 왕들은 좋은 보양식과 의술의 혜택을 받아 일반 백성들보다 오래 살 수 있었다. 평민들의 수명이 1900년대에 이르러서야 평균 36세를 살았다.

1960년대만 해도 한국인 평균수명이 52세였었다. 그러다보니 환갑을 맞이하는 노인이 귀해서 60세 회갑연을 떡 벌어지게 치렀던 것이다.

오늘날 추락한 위상을 '어르신'으로 바꿔 부른다고 해서 나아질 것 같지 않다. 순수한 우리말로 세대별 용어로는 아기, 어린이, 젊은이, 늙은이로 구분한다. 여기서 늙은이는 50세 이상을 일컫는다. 한자로 표현해서 유아, 소년, 청소년, 청년, 장년(장정), 중년, 노년(노인)이라고 부른다.

유아는 4세 미만, 소년은 13세 미만, 청소년은 19세 미만, 청년은 20대, 장정은 30대, 중년은 40대를 말한다. 그리고 노인은 50대 이후를 말하는데 옛날에는 수명이 짧아서 노인이라고 해도 50세에서 65세 정도로 대략 15년 범위였었다.

그러나 오늘날 100세까지 사는 시대가 되다 보니 노인이라고 하는 나이의 갭이 너무 넓다. 50세에서 100세까지 50년이나 되는 것이다.

1세에서 50세까지는 부르는 용어가 다양한데 비해서 50세에서 100세까지 부르는 용어는 단 하나 '노인'뿐인 게 문제이다.

예를 들면 '지난여름 부산 광안리 해수욕장에서 노인이 캠코더로 비키니 여성 몰카를 찍다가 걸려 경찰에 붙잡혔다.'라는 기사를 읽고 범인이 60세노인? 90세노인? 감이 잡히질 않는다. '성폭행용의자 노인 검거?' 어느 나이 때의 노인이란 말인가? 한국인 수명이 길어진 이상 거기에 걸맞은 다양한 언어가 만들어져야 할 것이다. 지금 세상에 50대는 노인이라고 할 수 없고, 60대는 젊은 노인, 70대는 중년 노인, 80대는 노인, 90대는 '100세노인'이라고 구분해서 불렀으면 좋을 것 같다.

위대한 한글이 세계문자 올림픽에서 금메달을 땄다면서 한글을 탄생시킨 한국어가 '노인'이란 용어 하나밖에 없어서 표현의 궁핍을 겪는다는 게 말이나 되는가?

오래된 생각

벌써 내가 이렇게 늙었나? 마음은 저만치 앞서가는데 몸은 한참 뒤에 있다. 젊다는 것 자체가 축복인 것을 나이 들어 깨닫는 것이 축복일까, 형별일까? 기차와 함께한 세월이 벌써 삼십이 년이다.

에피소드 하나

아주 어릴 때 엄마 손잡고 한참을 기차타고 내려서 또 한참을 걸어간 외갓집, 대나무 가지에 칡넝쿨을 둥글게 감아 처마 밑의 거미줄을 척척 붙이면 아주 훌륭한 곤충 채집기로 변신하고, 시골 할머니가 끓여주는 된장국은 자그마한 뚝배기에 하나에(겨우 한사람 먹을 정도의 크기) 네댓 명이 달라붙어 먹어도 너무 짜서 부족하지 않았다. 된장국 한 숟갈이면 지금의 밥 반 공기는 먹을 수 있는 많이 짠 된장지개가 왜 그렇게 맛있었는지. 배가 똥똥하도록 먹고 대청마루에 엄마 다리를 베고 누우면 엄마와 할머니는 무슨 얘기를 그렇게 하는지 몰라도 한 숨자고 일어나도 얘기는 계속되고 다음 끼니를 준비하러 할머니가 일어나서야 얘기가 끝난다. 삼촌 손잡고 갔던 개울에서 발가벗고 뛰어들어 개헤엄을 치고, 땅거미 질 무렵 엄마가 준 오백원을 가지고 동내에 하나뿐인 구멍가게에서 이것저것 과자를 사는데 주인아주머니 눈이 동그래지며 한꺼번에 이렇게 많이 사는 손님은 처음이라고 덤까지 얹어주시던 일……. 이 소중한 기억이 작은 편린이 되어 마치 끊어진 필름처럼 전체가 연결이 되지 않을 시간이 흐를 때쯤, 회사일로 석불역 근처에 갔다가 일부러 그 작은 기억을 더듬어 지금은 사람이 살고 있는지 조차도 알 수 없는 외갓집을 찾아보았다. 기차역의 모습은 변했지만 위치는 그 자리라 기차역부터 내가 보았던 저수지, 헤엄치던 개울, 둥글고 길 쪽으로 툭 튀어나온 큰 바위를 생각해 내며 또 주민에게 묻고, 무모할 만큼 긴 시간의 기억을 더듬어 걸었다. 어릴 적 먼지 폴폴 날리던 한참을 걸었던 길은 2차선 아스팔트로 곧게 펴지고 저수지랑, 개울은 그대로였지만 큰 바위는 없었고 아득하게 멀리 보이던 저수지는 축구장 한 개만 했으며 삼촌과 함께 멱 감던 개울은 그저 무릎 정도 깊이의 개울에 불과했다. 외가댁 흔적은 도저히 찾을 수 없고 그저 근처 마을 돌아보는 것으로 만족해야 했다.

에피소드 둘

성인이 되어 기차를 이용할 때 기차에는 비용에 따라 비둘기호, 통일호, 무궁화호, 새마을호가 있었다. 새마을호는 신혼부부나 매우 큰 부자나 고급 관료가 아니면 감히 탈 엄두를 내지 못했다. 보통 서민이면 먼 거리는 통일호, 좀 가까운 거리는 비둘기호를 이용하는 것이 보통이었다. 모든 열차는 좌석을 돌려 마주볼 수 있지만 비둘기호는 모든 좌석이 마주보게 되어있고 입석으로 먼저 앉는 사람이 주인이다. 그래서 그런지 보통은 한 열에 두 명씩 앉는데, 비둘기호는 세 명씩 앉아 마주보면 여섯 명이 앉게 된다. 마주보고 앉다보니 서로

눈길을 피하기 어렵고 기차를 타는 것 자체가 드문 일이라 여행객 대부분이 약간 달떠서 누구라도 할 거 없이 "어디까지 가십니까?"하는 인사와 함께 김밥, 찐 계란, 사이다, 찐 감자 등 음식을 주섬주섬 내 놓으며 같이 나누어 먹다보면 남녀노소 할 것 없이 자연스럽게 이야기 하게 되고 금방 길동무가 된다.

2012년 열차는 쾌적하고 빨라졌으나 모두 앞만 보고 그놈의 스마트폰 만 만지작거리고 이어폰을 꼽고는 미친 년놈처럼 실실 웃거나 짜증을 내는 등 각자의 공간에서 꼬치를 틀고 있다. 기차는 마주 볼 수 있으나 친한 일행이 아니면 마주 보지 않고 옆 사람과의 대화도 거의 없다. 어디까지 가는지, 젊었다면 결혼은 했는지, 또 아이는 몇인지 할 얘기는 많지만 하지 않는다. 대화가 없는 것은 아니다. 이제 그들의 대화는 옆에 있는 당신이 아니라 얼마나 멀리 있는지 모르는 친구, 메신저 입과 눈을 통한 대화가 아니라 휴대폰 활자에 의한 손가락 대화를 한다.

에피소드 셋

친절이 죄가 되는 사회가 되었다. 작은 하나를 가지고 전부인양 떠드는 것이 잘못인 줄 알지만 한번 되게 혼나면 더는 같은 일을 반복하지 않듯이, 뜨거운 국그릇에 데인 아이가 더 이상 국그릇을 만지지 않듯이. 예전에 직장이 서울역 근처여서 서울역에 나갈 일이 많았다. 역에서 무거운 짐을 가지고 힘들어하는 사람이 있으면 자연스럽게 "도와드릴까요?" 물어보고는 나누어 들고 했는데 언제부터인가 짐을 들고 도망가는 사람이 생기고, 또 타인의 친절에 어떤 의심을 가지고 거부하는 사람이 늘면서 "도와드릴까요?" 같은 말에 "괜찮아요."하면서 조금은 경계하는 눈빛을 보며 어느 순간 얘기를 꺼내지 않게 된다. 다음에 또 똑같은 말을 한다면 조금 모자라거나 너무나 착한 사람이 아닐까.

아는 선배한태 들은 이야기다. 시골길에서 어렵게 걸어가는 노인을 보고 차에 태워 집근처까지 모셔다 드렸는데 밤늦게 경찰이 집으로 찾아와서 뺑소니 신고가 들어왔다며 같이 경찰서로 가자고 했단다. 뺑소니라니? 도대체 무슨 일인지 기억이 나지 않고 걱정하는 안사람을 가까스로 달래며 콩닥콩닥 뛰는 가슴을 겨우겨우 안정시킨다. 지난 3일간 내가했던 모든 일을 되새김질하며 도착해보니 한 젊은 여자와 낮에 태워준 노인이 나란히 앉아있다. 사건의 발단은 노인이 차에 타며 좋지 못한 허리 때문에 많이 구부리지 못해 그만 승용차 뒷문에 머리를 부딪치고 약간의 상처가 생겼다. 선배는 대수롭지 않게 생각했고 노인도 '괜찮다! 태워줘서 고맙다.'는 인사를 했기에 정말 까맣게 잊고 있었다. 집에 돌아온 노인의 상처를 본 며느리의 채근에 노인은 자초지정을 얘기했고 노인은 며느리 손에 이끌려 뺑소니 신고를 한 것이다. 미안한 노인은 얼굴을 못 들고 눈을 마주치지 못했으나 당당한 며느리는 '어떻게 할 거냐며 병원비를 내라, 그렇지 않으면 콩밥을 먹어야한다.' 등 지구대 사무실에서 큰 소리로 떠들었다. 선배의 설명을 들은 경찰이 노인을 따로 불러 몇 마디하고는 며느리한태 "참 아주머니 너무 하네." "이 아저씨 말이 맞다는데요." "그래도 신고하실 거예요." "잘 못하면 아줌마도 무고죄로 혼나요."라는 엄포에 파스 값 이만 원에 없었던 일이 되었고 파출소를 나오며 노인은 "미안허이, 내가 하지 말자고 했는데……"라며 며느리 손에 이끌려 사라진다. 만약 경찰이 도와주지 않고 합의가 되지 않으면 진짜 빵소니라는 설명에 식은땀을 흘렸다는 얘기를 듣고는 그후 어떤 경우든 모르는 남을 내 차에 태운 일이 없다.

소득이 높아지고 생활이 점점 편리해지는데 왜 내 마음은 점점 작아지고 공처럼 돌돌 말려서 세상과 멀어지는지, 유치원에서 배웠던 친절은 이제 교과서 안에 있고 세상에는 의심과 배타심만 남아있는지 조금은 더 가난해도 아니 그때는 모두가 다 가난해서 내가 가난한줄 몰랐던 그때가 더 사람살기 좋은 세상이었던 것 같다.

4부
紀行文

울릉도와 독도

우리나라 안에 있고 마음만 먹으면 언제든 갈 수 있는 곳이 울릉도다. 한번은 꼭 가보고 싶었건만 차일피일 미루다 드디어 울릉도 관광에 올랐다. 일기가 좋다면 독도는 보너스다.

묵호항에서 울릉도까지 고속페리를 타고 약 2시간 20분을 간다. 묵호항을 떠난 지 10여분이 지나자 뭍은 더 이상 보이지 않고 사방이 끝 모를 시퍼런 바다뿐이다.

문학을 하는 사람들은 바다를 모태 즉 여성의 자궁이라 표현한다.

– 바닷물은 양수고 그 안에는 생명의 근원이 있다 –

그동안 내가 아는 바다는 해변에서 바라본 바다고, 조그만 배를 타고 섬 주위를 돌아보는 관광뿐이어서 내 시야의 어느 한구석은 늘 땅이 보였다.

내게 바다는 언제나 친근하고 세상의 답답함을 덜어주는 해방구였고 무언가 좋은 일이 벌어질 것 같은 낭만의 바다였다.

그런 나에게 이번 뱃길은 새로운 충격으로 다가왔다. 잠시 바다의 상큼함이 지나간 뒤 바다는 사방 어디를 둘러보아도 언제나 같은 그림의 바다이고, 잠시 딴 짓을 하다 돌아보아도 역시 바다는 같은 모습을 하고 있다. 잠을 청하여 보았으나 서울에서 묵호로 향하는 고속버스에서 흡연 욕구를 잠재우기위해 청한 잠이 결국 5분을 넘기지 못하고 또 밖으로 시선이 향한다. 난 짐짓 한 가지 색칠로 통일된 작은 방에 갇힌 죄수로 변해있었다. 그 끝 모를 깊이의 바다는 두려움이었고 작은 배는 외로움이었다. 점점 우울해진다. 두 시간 여의 항해가 이럴진대 오대양을 다니는 선원들은 어떨까. 그들만의 해결책이 없다면 아마 모두 돌아버릴 것이다.

뱃고동이 한번 길게 울리더니 멀리 섬이 보이기 시작한다. "울렁울렁 울렁이는 처녀가슴 / 오징어가 풍년이면 시집가요 / 육지 손님 어서 와요 트위스트 / 나를 데려 가세요."

갑자기 잊고 있던 <울릉도> 노래와 호박엿이 떠오른다. 졸고 있는 집사람을 채근해 배가 도동항에 접안도 하기 전에 짐을 들고 문앞에 나가선다.

울릉도는 화산활동으로 생긴 섬이다. 강원도를 비탈이라 표현하지만 울릉도에 비할 바 못된다. 사람이 인위적으로 만든 땅과 나리분지 정도를 제외하면 비탈 아닌 곳이 없다. 일단 곳곳에 샘이 있어 식수는 가능하지만 충분하지는 않으리라 울릉도의 평지라고는 나리분지 정도로 축구장 10개 정도의 넓이가 전부이다. 여기서 생산되는 쌀로는 배곯기 딱이리라. 현재는 산나물 및 약초재배가 주 생산품이라고 한다. 울릉도와 육지 사이에 현대화된 배가 다니기 이전에 그들의 삶이 얼마나 곤궁했을지 짐작이 간다. 바다에서 구할 수 있는 해산물을 제외한다면 아마 모든 것이 귀하고 값이 비싸 소수를 제외하고는 하루 세끼를 다 먹기 조차 어려웠으리라. 예를 들어 나리분지에 울릉도 너와집이 있는데 지붕을 나무껍질로 역은 것은 강원도와 비슷하지만 너와 위에 하나하나 큰 돌을 올려놓았다. 너와가 날아가는 것을 방지하기 위함으로 못 하나도 귀해서 그랬으리라 짐작해본다.

울릉도를 찬찬히 돌아보면서 이탈리아 남쪽 카프리섬을 떠올렸다. 카프리 섬의 코발트색 바다는 울릉도에도 있고 깎아지른 절벽에 구불구불 나있는 소로와 절묘하게 운행하는 자동차, 아름다움까지 너무도 닮았다. 다만 다른 것은 카프리 바다에는 요트와 호화 유람선이 있다면 울릉도에는 오징어 배와 여객선이 다를 뿐, 울릉도를 관광자원으로 잘 개발하면 한국의 카프리로 세계 관광객을 불러올 수 있다고 생각한다. 살면서 그런대로 많은 섬을 보았는데 울릉도는 손에 꼽을 만큼 아름답고 화산암으로 이루어진 해안가는 절로 탄성을 지어내게 한다. 해안 길을 조금 더 정비하고 무분별한 횟집은 철거하고 단순히 길을 밝히기 위한 조명이 아니라, 한강 다리를 비추는 그런 계획된 조명을 설치하면 더욱 아름다운 울릉도가 되리라 확신한다.

울릉도는 오랫동안 고립된 섬으로 특색 있는 먹거리와 볼만한 자연 등 관광지로서 손색이 없다. 다만 교통편과 숙박시설은 조금 더 편하고 깨끗하게 보완해야한다.

이번 여행에서 얻은 보너스 독도

울릉도에서 배를 타고 약 2시간여에 있는 우리 땅 동쪽 끝 독도, 자라면서 영화를 볼 때 아니면 티브이의 에필로그 때 애국가와 함께 무수히 보아서 이제는 안 보고도 그려 낼 수 있는 백두산과 독도다. 두 군데의 공통점은 날씨가 좋아야 볼 수 있다는 것, 즉 평소 덕을 쌓아야 내릴 수 있다는 독도에 나는 내렸다. 독도에서 일반인에게 허용된 구간은 접안시설인 부두 이외에는 허용이 안 되며 본섬 군 관련 시설 쪽으로 사진도 불허한다. 독도에 내리자 제일먼저 반기는 이는 독도에 살고 있는 삽살개 세 마리다. 사람이 그리워서가 아닌 그 사람 손에 들려있을 먹을 것을 기대하며 다가왔다가 빈손을 확인 하고는 이내 다른 사람 쪽으로 가버린다. 이럴 줄 알았으면 빵 한 개라도 준비할 걸 그랬나보다. 10여명의 해양경찰이 반가운 얼굴로 통제를 한다. 독도에서 주어진 시간은 20분 멀리 갈 수 없으니 그 시간도 사진 찍고 독도의 풍경을 눈에 담기에 부족하지 않은 시간이다. 내가 본 독도의 주인은 갈매기다. 엄청나게 많은 갈매기가 섬 곳곳에 둥지를 틀고 살고 있다. 오랜 옛날 사람이 바다에서 길을 잃고 이 섬에 오기 전에 갈매기는 지금처럼 살았고 사람들이 쓸모없다고 이 섬을 버리고 떠나도 갈매기는 오늘처럼 살아갈 것이다. 독도는 갈매기가 주인인 섬이다. 쓸데없는 인간이 바다에 금을 긋고 소유권을 주장할 뿐, 이 섬의 진정한 주인은 갈매기고 바다고 자연인 것이다.

이제는 쉽게 갈수 있으면서 쉽게 가지지 않는 섬 울릉도 와 독도 여행을 마치고 돌아오는 밤배에서 흘러나오는 "육지손님 어서 와요 트위스트 / 나를 데려 가세요."란 노래에서 나는 척박한 섬을 떠나고 싶었던 고단했을 옛날 섬 주민의 삶을 생각해보았다.

유럽여행 · 1

목록작성

일주일전 지루한 기다림 끝에 여행 일정이 확정되었다는 통보를 받고 준비해야 할 목록들을 적어본다. 여권, 현찰, 옷가지, 비상약 등 그리고 중요한 고추장도 적어 넣는다. 목록을 작성하는 것만으로도 이미 나의 여행은 시작되었다. 누군가 말하지 않았던가? 여행은 떠나기 전이 가장 행복하다고.

동행

길에는 언제나 동행이 있다. 그것이 목덜미를 스치는 바람이건 이마에 맺히는 땀방울을 만드는 태양이건 긴 어둠의 달빛 이건 항시 함께하는 이가 있다. 그와 대화가 가능하고 마음이 따뜻한 사람이라면 그보다 좋을 수 있을까? 십여 일 간의 짧은 동행이었지만 만남은 그 자체로 소중하기에 또한 모두 따뜻한 마음을 가졌기에 난 행복했다.

정적

새벽 네 시 삼십 분에 일어나 다섯 시 삼 십분 버스를 타고 새벽 안개가 깔린 한적한 산길을 달리고 있다. 창가는 어스름 빛이 먼 산

꼭대기부터 밝아오고 버스 안은 너무 조용하다. 간간이 네비게이션의 안내음만 들릴 뿐, 볼 것이 없어서도 아니요, 본 것이 없어서도 아니고 할 얘기가 없어서는 더더욱 아니다. 몸이 내 귀에 속삭인다. '아직은 더 자야 돼.'라면서 눈에 커튼을 드리운다.

배려

유럽의 집들은 참 예쁘다. 색깔이 다채로우면서도 튀지 않고 천박하지 않으며 이웃과 잘 어우러지는 모습 특히 살레라고 하는 창가의 꽃들은 모두 길가로 향하고 있다. 이는 주인을 위함이 아니요 길을 가는 나그네의 곤함을 덜어줄 배려가 아닌가.

오스트리아 숙소

산허리를 휘감은 비단 한필이 파란 하늘과 더불어 감청색 두건에 초록 치마를 두른 아름다운 여인의 자태를 드러낸다.

오스트리아 호텔 모닝콜

이른 새벽 요란하게 문을 두드리며 "wake up, wake up"하는 낯선 이방인의 목소리를 들었다. 잠결에 약간 당황하기는 하였지만 이내 피식 웃음이 번진다. "일어나세요." 아침 예불시간을 알려주던 수덕사 불자님의 고운 목소리와 너무도 닮아 오히려 정겨웠다.

리노

리노는 일주일 이상 우리와 숙식을 같이한 나폴리 출신 운전기사다. 난 리노를 서슴없이 그놈이라 부르겠다. 운전은 그런대로 하는데 영 길을 모르고 규정 속도를 철저히 지키느라 여러 번 낭패를 보았다. 하지만 나름대로 성실하고 귀여운 구석이 있으며 맥주를 한잔하며 좀 나이가 드신 아주머니가 너를 좋아하는데 어떻게 생각하느냐는 가이드의 질문에 귀까지 빨개지던 스물네 살 아직은 어린 이탈리아 청년이다. 길 좀 모르면 어떠리, 영어 좀 못하면 또 어떠리. 난 그놈을 욕할 수 없다.

"리노야, 달려 조금만 더 빨리."

여유

유럽의 카페 대부분은 얇은 차양을 두르고 탁자와 의자를 내다놓은 노천카페를 가지고 있다. 손님들도 대부분 답답한 실내보다는 야외에서 간단한 식사와 맥주 또는 에스프레소 커피를 즐긴다. 작열하는 태양 아래 천막 하나에 햇볕을 즐기며 느긋하게 차를 마시는 모습은 햇볕을 피해 종종걸음으로 달려가 에어컨 빵빵한 식당에서 허겁지겁 식사를 마치고 또다시 일터로 달려가는 우리의 모습과 비교되며 그들의 그런 여유가 부럽다. 상대적 부의 차이일까? 아니면 마음가짐이 다름인가.

강

유럽의 강은 어디나 횟가루를 섞어놓은 듯 탁하다. 석회석이 녹아들어 물 자체는 깨끗하지만 보기에는 영 아니다. 석회석이 많아 식용으로도 부적합하다는 얘기고 보면 바닥이 훤히 들여다보이는 섬진강

맑은 물을 생각하며 우리가 그들보다 행복한 것은 물이 아닐까 싶다. 탁한 물이 좋은 건 그곳에 몸을 숨기는 물고기뿐이리라.

선생님

파리에서 만난 현지 가이드를 선생님이라 부르고 싶다. 파리에서 문학비평을 전공한 박사님으로 현직 시인이고 가이드도 하신다. 여러 사람을 통솔하며(이동하면서) 설명하는 일이 결코 쉽지 않은 일임에도 아침부터 저녁까지 연신 목을 축이며 불란서 문화와 역사에 대하여 지나치리만큼 자세한 설명을 한다. 마치 가르치지 않으면 안 되는 것처럼 자신이 알고 있는 지식을 뽐내고 싶어 하는 초등학생처럼 정말 열심히 설명하였다. 하지만 그분도 모르는 것이 있다. 여행을 온 사람은 배우러온 학생이 아니며 그렇게 많은 것을 받아들일 준비가 안 되어 있고 결정적으로 그들은 긴 역사, 문화강의보다는 하나라도 더 눈에 담고 싶어 한다는 것을…….

자유인

이번 여행에서 가장 큰 소득이라면 로마 가이드와의 만남일 것이다. 그는 지금까지 내가 만났던 그 어떤 이보다도 자유인이었다. 난 생각만 자유인일 뿐, 진정한 자유인은 못 되었는데 그는 몸과 마음 생각 까지도 진정한 자유인이었다. 그에게서 느껴지는 알 수 없는 카리스마와 솔직한 언행 그리고 음악인(오페라 가수)으로서의 열정 지금 쓰고 있는 작품을 마치면 그를 소재로 작품을 써보리라. 난 지금 생각만 자유인이지만 내가 그를 통해 진정한 자유인이 되기를 바라며.

안정환

베네치아로 향하는 버스 안에서 나는 계속 섹스피어의 베니스 상인을 생각했다. 암울한 거리, 악덕 사채업자, 살과 피, 용서와 응징, 유태인과 백인귀족 등 모두 나 같은 생각을 하리라 생각했는데 대부분 다른 여행자들은 베니스영화제, 가면무도회, 비엔날레 등 현존하는 화려한 것들이었다. 다시 한 번 타인과의 괴리를 느끼는 순간이었다. 이때 내 앞에 나타난 베니스 가이드는 큰 키에 잘생긴 얼굴이 안정환 닮았다. 나는 농담으로 "페루자 사십니까?" 물었고 정색을 하며 아니란다. 참으로 순수하고 열정을 가진 음악(성악)을 하는 젊은이였다. 그 청년의 앞날에 축복을…….

융프라우

알프스를 이루는 세 개의 봉우리 중 가장 높다는 융프라우 인터라켄 역에서 열차를 세 번 갈아타고 오른다. 열차 안에서 보이는 스위스 전통 마을은 어디를 보아도 달력 사진이다. 아름답다는 표현만으로는 부족하다. 그냥 눌러 앉아 살고 싶다. 역시 융프라우의 백미는 정상이리라 두 시간여 끝에 오른 정상 '순백' 그 자체이다. 담배를 한 대 피워 물며 잠시 눈을 감고 신선한 바람을 온 몸으로 느낀다.

폼페이

폼페이는 두 번째 보지만, 또 보고 싶은 곳을 고르라면 서슴없이 폼페이를 꼽을 것이다. 폐허뿐인 폼페이가 무에 그리 볼게 있다고 하는 사람도 있을 것이다. 하지만 난 생각이 다르다. 인간에 의해 파괴

된 것이 아니고 짧은 시간에 화산재에 묻혔기에 후에 인위적으로 꾸며 놓은 화려함도 없고 초라하지도 않다. 폐허 위에 나름대로 그림을 그리면 그 당시 생활이 선명하게 떠오르며 사람이 손대지 않았기에 내 앞에 펼쳐진 타임머신이다. 폼페이에는 인간의 욕망, 사랑, 전쟁, 섹스, 그리고 열정이 있다.

카프리

세계에서 가장 큰 부자들이 휴가를 온다는 카프리 코발트색 바다에는 정말 그림 같은 요트가 떠있고 대형 크루즈가 정박해 있는 섬이다. 나도 잠시 큰 부자가 된 것 같은 착각 속에 카프리섬 정상에서 바닷바람을 안주삼아 맥주 한 잔을 마시며 호기를 부린다.

최00

본인에게는 좀 미안하지만 우리 일행을 인천공항에서 시작해 여행을 마치고 다시 인천공항 까지 돌려다 놓은 가이드다. 동글동글한 눈망울과 둥근 얼굴 그리고 안경마저도 둥그런 예쁘고 똑 부러진 여자, 완벽을 추구할 것 같아 아내로는 조금 피곤할 것 같은 여자, 기내에서 밥도 안 먹고 잘 만큼 여행이 익숙한 여자, 난 그 여자 덕에 비교적 편안한 여행을 했다. 나뿐만 아니라 다들 그랬으리라. 인천공항에서 헤어지며 고맙다는 인사도 제대로 못했는데 이제 곧 결혼을 한다니 마음속으로나마 진심어린 축하를 하고 싶다.

기내와 담배

워낙 골초인 내가 '비행기'하면 두려운 것이 금연이다. 예전에는 비행기에서도 흡연이 가능해 별 문제가 없었다. 언제부터인가 비행기 전체가 금연이 되면서 세 시간이 넘는 비행은 슬며시 겁부터 난다. 내가 참을 수 있는 한계다. 이번에는 금연 껌을 준비했다. 나름대로 대비했건만 식후연초 생각은 간절하다. 일어나서 걸어도 보고 금연껌도 씹어보고 비행기 구석구석을 뒤졌건만 마땅한 곳이 없다. 정말 문이라도 열고 한 대 빨고 싶은 마음을 억누르며 찾은 화장실에서 발견한 것은 담배를 피우면 경보가 울린다는 문구뿐이다. 부처님이 말씀 하셨다 인생은 고해라고.

선물

가끔 여행을 하다 보니 선물에 대해서는 어느 정도 자유롭다. 이제는 선물을 해야 한다는 부담은 상당히 덜었건만 내가 모으는 열쇠고리와 엽서는 꼭 사야한다. 그룹여행에서 터득한 진리는 마음에 드는 물건이 있으면 다음으로 미루지 말고 바로 구입하라는 얘기다. 다음에 또 그런 물건을 본다는 확신은 없다. 다만 우리나라보다 싸다고 무계획하게 사지는 말자.

트레비분수와 동전 세 개

트레비분수에 동전을 하나 던지면 다시 오고, 두 개 던지면 사랑하는 사람을 만나고, 세 개 던지면 그 사람과 헤어진다고 한다. 나는 여러 사람한테 당당히 세 개임을 보이고 던졌다. 헤어지고 싶어서가 아니다. 처음 왔을 때 하나를 두 번째 왔을 때 두 개를 세 번째 왔기에 세 개를 던진 것이다. 물론 안사람 놀리는 재미도 있고.

성당

유럽의 성당은 중후하고 화려하며 튼튼하다. 처음 본 성당은 입을 다물지 못하게 한다. 하지만 시간이 지날수록 우리나라 불국사에서 본 절이 통도사에 있고 수덕사에 있고 부석사에 있고 그 느낌이다. 단지 그들은 풍부한 구하기 쉬운 돌로 지었다는 것 이외에는 별반 다르지 않고 그 성당을 짓기 위해 착취했을 많은 젊은이들의 노동력과 재화는 보지 못한다.

백야

원래 백야란 밤이 없이 낮만 지속되는 것으로 북유럽의 일부 국가와 북극에서 주로 볼 수 있는 현상이다. 이번 여행에서 백야는 아니지만 저녁 아홉시가 넘어 열시가 다 되어서야 해가지고 새벽 네다섯시면 해가 뜬다 일종의 작은 백야라고 할까 영국에서 처음 겪었는데 기분이 야릇하고 뭐랄까 보너스로 활동할 시간을 더 얻었지만 그만큼 내 생명을 내어준 느낌이었고 백야의 세상에서 산다면 인간은 쉬는 법을 잊어버려 미쳐버릴 수밖에 없을 거라는 생각이 들었다.

돌아와서

집에 돌아오니 먹을 것이 없다. 예전 같으면 빵이라도 얼른 사 먹었을 텐데 누구도 찬성하질 않는다. 격론 끝에 냉면에 합의를 보고 빨건 비빔냉면을 시켰다. 매콤하고 차가운 면발이 목구멍을 넘어갈 때 느끼는 희열이란 이제야 일상으로 돌아온 것이다.

짧은 글을 마치며

같은 여행을 하고도 보고 느끼는 것은 저마다 다를 것이다. 세상은 각자의 입장에서 자기가 겪고 배운 것에 새로운 것을 더한다. 난 관광안내책자 같은 글은 남기고 싶지 않다. 난 누구를 가르치고 싶지도 않고 그만한 능력도 없으리라 다만 이번 여행에서 내가 경험하고 생각한 것을 그저 물처럼 적어 여행을 함께한 이와 마시고 싶다.

유럽여행 · 2

암스테르담

암스테르강 + 댐 = 암스테르담

암스테르강에 댐을 설치하여 바닷물 유입을 막아 생긴 땅이 암스테르담이다. 서구인들이 본디 단순한 종족인지 합리적인 종족인지 간혹 구분이 안가지만 인간의 땀방울로 어렵게 만든 땅이라면 좀 더 근사한 이름을 붙일 수도 있으련만 그냥 암스테르담이다.

국토의 대부분이 해수면보다 낮고 튜울립과 풍차의 나라 그리고 안델센과 히동구의 나라 내가 아는 네덜란드(홀랜드)의 이미지이다. 암스테르담에서 하루를 묵고 여기에 하나를 더 추가한다. 겨울 날씨는 미친년 치마처럼 보였다 안보였다 한다. 무엇이? "해가." 해가 나는가 싶더니 어느새 그림자가 드리우고 곳 오는 듯 마는 듯 가랑비가 옷을 적신다. 우산을 준비할라치면 다시 해가 보이고 멋적은 웃음으로 우산을 접고 돌아서면 다시 구름이 드리우는 나라. 거기다가 네덜란드인들이 왜 풍차를 이용해 물을 펐는지 이해하는데 그리 많은 시간이 들지 않았다. 바람의 세기가 우산의 속살을 쉽게 보여주고 우산을 써도 바짝 기울어져 들어오는 빗방울을 막기에는 역부족이다. 이곳 사람들은 우산보다는 비옷도 아니고 우리네 아웃도어 같은 방수용 외투를 입고 비가 오면 그냥 맞는다. 가끔 시내에서 모피를 입고 비를 맞는 여인도 보았지만. 하하하.

새로운 것은 언재나 나에게 짜릿한 감정을 안겨준다.

대마초와 공창, 안락사가 법으로 허락된 나라 내가 알기로 성의식이 가장 개방된 나라 지나가는 여인에게 잠시 추파라도 던져보려다 이내 마음을 접는다. 동방예의지국의 선비라서가 아니다. 그 뒤에 할 말이 없다. "아 죽일 놈의 영어." 홍수와 화재 그리고 전염병을 이겨서 그들은 xxx라고 표현하고 자랑스럽게 여긴단다. 그들에게는 자랑스러운지 모르지만 지구상에 어느 나라가 홍수, 화재, 질병, 가난, 가뭄 등에 자유로울 수 있을까? 아마 우리나라는 x에 10승쯤 해야 되지 않을까 생각한다.

날씨 탓일 수 있지만 우중충한 옷매무새를 제외하고는 시민들 표정이 밝다. 그리고 이제 갓 돌을 넘긴 듯한 어린 아기를 유모차에 태우고 비를 맞히며 아무렇치 않게 지나가는 아이엄마의 표정에서 나는 외친다.

...... 지랄 같은 날씨 그리고 미친년 속곳 ......

파리 그리고 런던을 떠나며

파리와 런던 두 도시는 벌서 네 번째 방문하다보니 사실 큰 기대를 하지 않고 또 가보기로 한 곳이 다 두세 번 방문한 곳이고 나 혼자 움직일 수도 없어 차라리 일행들과 어울리며 사진이나 찍어주자고 마음 편히 먹었는데 가이드의 안내가 계속 귀에 거슬린다. 프랑스나 영국이 마치 유럽의 중심인양 대단한 나라처럼 떠벌리는 것이 싫었다. 프랑스나 영국이나 다 로마시대의 속국이었으며 좀 더 진실하게 말하면 서기 7내지 8세기 이전에는 나라도 없는 부족사회로 우리보다 훨씬 못한 야만인이었다. 향수나 하이힐이 만들어진 이유에서 알듯이 그들은 더럽고 냄새나는 무지한 종족이다. 그렇다고 그들이 이루어놓은 문화를 부정하려는 것은 아니다. 르네상스 이후 그들은 부흥했고 현재까지도 세계의 패권에 어느 정도 영향을 미치고 또한 그들이 만들어 놓은 수많은 건축물과 문화까지 부정하지는 않는다. 하지만 그들이 만들어 놓은 건축물을 보자. 그 크기와 규모 면에서 우리가 처음 접했을 때 적지 않은 문화적 충격을 받는다. 살펴보면 그들의 땅을 파면 돌(대리석)이 나온다. 그들의 돌은 가장 흔한 재료이고 또한 다루기 쉬워 그들은 돌로 집을 지었다. 그래서 시간도 많이 걸리고 높고 웅장하게 지을 수 있다. 그에 반에 우리 땅을 파면 돌(화강암)이 나온다. 그 돌은 다루기 어려워 기초로 쓰이고 주변의 나무와 흙으로 건축을 했기에 아름답지만 작고 낮다. 그들의 수많은 성에서 보듯이 그들은 잦은 약탈과 전쟁으로 이웃 부족으로부터 자신들을 지키기 위해 견고한 성이 필요했지만, 일찍이 국가를 이룬 우리는 성 보다는 외적의 침입을 막는 산성이 더 필요했을 것이다. 세계 4대 문명에 이름도 못 올리는 그들을 볼 때 축구공만 둥근 것이 아니다. 세상살이 모든 이치가 둥글다. 그들에게 빼앗긴 문화재를 돌려달라 말할 필요가 있겠는가? 잠시 빌려주었을 뿐이고 다시 우리의 힘이 커지면 되돌려 받으면 그만이다.

우리 일행에게 프랑스와 영국에서 내가 본 것을 많이 보여주려 노력했지만 그래도 아쉬운 것은 에든버러를 못 보여준 것이다. 에든버러는 스코틀랜드의 수도이고 전통이 아직 지켜지고 있는 어찌 보면 가장 영국다운 곳이다. 백파이프와 치마를 입은 남자, 그리고 애든버러성, 영국 왕의 별장 등 예전에 방문했을 때 스코`틀랜드에는 그들만의 화폐가 있었다. 한 나라에 두 종류의 화폐가 공존했고 영국내에서는 통용되었다. 난 그들을 보며 진정 그들에게 배울 점은 문화유산이 아니라, 서로 다름을 인정해주는 그들의 마음이 아닌가 싶다. 우리처럼 작은 나라에 선거철만 되면 전라공화국, 경상공화국, 충청공화국으로 나뉘는 현실이 안타깝고 그냥 한국에서 살고 싶다.

KE908편 배OO 승무원

돌아오는 비행기에서 만난 여 승무원이다. 참 미소가 아름다운 아가씨였다. 갈 때 너무 힘들어 돌아올 때는 비상구 쪽 자리를 잡았다. 원했던 대로 다리는 길게 뻗을 수 있었지만 거기까지다. 좌우에 산만한 인간 틈에서 반쯤 접고 와야 했다. 비상구 쪽에 앉으니 바로 승무원과 마주보게 되고 암컷에 끌리는 수컷의 특성상 관심 있게 보게 되었다. 보통의 승무원들이 모두 다 잘 웃고 친절하지만 평상시 무뚝뚝한 표정에서 부르면 배시시 웃는다. 하지만 배OO 씨는 비행기에 타는 순간부터 내릴 때까지 미소를 잃지 않았다. 비행기가 이륙하기 전 한 어린 아기가 심하게 우는데 진정 걱정하는 눈빛으로 도와줄 방법을 찾기에 물어보니 이번이 네 번째 비행이란다. '아! 역시 아직은 일이 즐겁고 승객들한테 많이 시달리지를 않았구나.'하는 생각이 든다. 하지만 그래도 힘든 여행에서 배OO 씨의 순수한 미소가 나를 편안하게 했다. '그래. 초심은 참 중요한 거야. 일이 힘들고 꾀가 날 때 초심을 기억할 수 있고, 다시 마음을 다 잡을 수 있으면 좋을 텐데…….'라 생각해본다.

암스테르담에서 파리로 가는 야간 비행기 안

한 시간 반 정도의 길지 않은 비행에서 창밖으로 보이는 도시의 불빛과 도시와 도시를 연결하는 도로의 불빛이 끊이질 않았다. 스모그 때문에 별이 안 보이는 것이 아니라 세상이 너무 밝아 별이 안 보인단다. 비행기에서 본 도시는 정말 너무 밝다.

프로메테우스는 어린아이에게 불을 주었고
아이는 불에 익숙해지며
불을 준 프로메테우스에게 자신의
능력을 뽐내고져 아이의 몸에 불을 붙였다
얼마나 탔을까
이제 아이의 모습은 보이지 않고
그의 깨어진 머리에서
흩어진 뇌 속의 노란 뉴런만이 남아
아이의 욕심은 꺼지질 않는다

인도 여행

사십대에 난 퇴직하면 꼭 세계일주를 하리라 마음먹고 준비를 했다. 원월드티켓이라는 세계일주 비행기 표가 있는 것도 알았고 계획표를 짜는 것만으로도 행복했다. 오십을 넘기며 육 개월 혹은 일 년 하는 세계일주가 나에게 무리라는 생각에 계획을 수정하여 누이 사는 북미, 남미, 동유럽, 라오스 미얀마, 인도 네팔, 남태평양의 섬나라, 오로라보기 등 권역별로 나누어 하나씩 돌아볼 계획이었다.

드디어 퇴직 후 작년에 크로아티아, 터키, 미국, 베트남 다낭, 필리핀 보홀을 다녀왔다.

금년 일월 중순 막내 동서에게서 전화가 왔다. 평소 내 계획을 알고 있는지라 안식년을 맞이해서 약 두 달간 인도 히말라야 자유여행을 하는데 함께 하지 않겠냐고, 설레고 반가웠는데 한참 건강에 문제가 생겨(어지럽고 무기력) 한참을 고민하다 동행에 누가 될까하여 마음을 접었는데 이상하리만큼 인도가 내게로 성큼 다가왔다. '그래 자유여행은 어렵더라도 단체여행은 가능하다'는 판단에 몇 날을 고민하다 여행사를 뒤지고 골라 단체여행을 신청했다. 비용을 보내고 인도 비자를 신청하고 또 인도관련 관광 책자를 정독하고 나니 인도 여행에 대한 설레임이 커진다.

여행 일정이 갑자기 일주일 당겨져서 이제 채 일주일도 남지 않았다. 이것저것 준비할 것도 있고 일반적인 여행 물품 외에 상비약, 고추장, 간식, 마스크, 물휴지, 목베개, 실내화를 준비하란다.

그동안의 여행은 가족들이 아니면 항상 집사람과 함께했는데 이번에는 혼자다. 챙겨야 할 사람도, 잔소리하는 사람도 없다. 그래서 이번 인도여행의 목표를 '아무런 생각 없이'로 잡았다. 흔히 인도를 여행하면 많은 생각을 하게 된다는데 난 거창하게 나를 찾아서 또는 나를 버리기 위해 같은 어려운 것이 아닌 그냥 눈에 보이는 것을 보고, 느끼고 먹고, 자고 어쩌면 정말 나를 찾거나 나를 버릴지도 모르겠다. 그 무엇이 되건 '시작은 그저 아무 생각 없이'다.

인도 여행의 첫 번째 오해

난 인도 여행은 젊은이의 여행 즉 배낭여행을 생각했다. 인도로 가는 비행기 안에는 인도인을 포함한 외국인 일부를 제외하고는 대다수 한국인이 사십대 이후 아줌마라는 점이다. 역시 한국의 아줌마는 시간도 많고 돈도 많고 또 두려움도 없다. "위대한 한국 아줌마!"

인도의 첫 느낌

인도의 공항에 내려서 입국심사는 약간 권위적이고 딱딱한 느낌이었고 지켜보니 그들은 서두르지도 친절하지도 않다. 입국심사대를 빠져나와 짐을 찾고 밖으로 나오니 역하지는 않으나 약간 탄내 같은 묘한 냄새를 느꼈다.

경적소리

우리나라는 꼭 필요한 경우를 제외하고는 경적이 금지되어 있다. 하지만 인도에서는 한손은 핸들을 또 한손은 경적을 잡고 운전한다. 인도의 거리는 최고급 자동차와 버스, 오토릭샤, 릭샤, 오토바이, 자전거, 마차까지 움직이는 모든 교통수단이 함께 움직인다.

차선은 있으나 의미가 없고 틈만 있으면 파고들며 '비켜 달라', '나 여기 있다' 계속 경적을 울려댄다. 한국에서 운전을 잘하는 사람도 여기서는 한참을 지나야 인도 운전방식을 배울 것이다.

인도의 도로에서 본 것들

승용차 60km, 오토바이 50km, 오토릭샤 30km. 인도의 4차선도로의 속도제한 표지다. 차량의 승차 정원이 있는지 모르겠으나 아마 탈 수 있는 한이 맞을 것 같다. 한국의 모닝크기의 차에 어린아이 포함 8명이 탄 것을 보았고, 오토바이에 4명이 타고 가는 것은 흔한 일이며 오토릭샤의 좌석은 보통사람이 앉기에 2명이 적당하나 7명이 탄 것도 보았다. 장거리 버스는 의자 위에 선반에 사람이 탈 수 있는 공간이 있고 정말 지붕 위에도 탄다. 암배르성을 올라가는 사륜구동 차는 사이드미러가 없거나 접혀 있고 운행하는 오토바이의 절반은 사이드미러가 없다. 정말 운전에 꼭 필요한 기능 외에는 없으며 도로의 요철은 모두 심하게 튀어나와 이러다 허리 다치는 건 아닌지 걱정할 만큼 자주 심하게 몸이 튀었다. 게다가 일부 도로를 제외하고는 보수가 안돼 포장도로와 비포장도로, 인도와 차도의 구분도 없다. 카주라호에서 바라나시 가는 거리는 약 400km 시간은 11시간 걸렸다. 카주라호에서 출발하며 '안전벨트 매세요.' 소리에 고속도로를 달리는

줄 알았는데 도로 사정이 열악하여 매라는 소리다. –헐–

잉여인간

사람을 두고 잉여인간이라 표현하는 것은 옳지 않다. 인도는 도로를 약 10분 달리면 마을 하나를 지나는데 거리에 정말 사람이 많고 조그만 음료 가게 앞에는 늘 서너 사람이 있다. 장사를 하는 분과 시간을 보내는 사람들 일하는 모습도 내 기준에는 상당히 비효율적이고 불필요한 인원이 너무 많다. 꼭 효율적인 것이 좋다는 것은 아니지만 그래도 내 눈에는 필요한 인원에 비해 너무 너무 많다.

인도의 동물

인도의 소는 익히 방송을 통해 알고 있었으나 직접 보니 대단하다는 느낌이다. 거리의 소만 정리해도 차량의 운행속도가 5km쯤 빨라질 것 같고 그나마 젖을 내어주는 암소는 주인이 있어 관리를 하는데 숫소는 주인이 없어 그냥 쓰레기를 뒤지고 아무데서나 쉬고 움직인다. 소뿐만 아니라 개도 많고 돼지와 양과 원숭이도 보았다. 특이하게도 인도의 동물들은 그다지 사람을 두려워하지 않는 것 같다. 소도 개도, 심지어 다람쥐도 사람 가까이에 오고, 공원에서 사람이 주는 먹이도 받아먹고 산다. 도로의 톨게이트에는 반드시 심한 요철이 있고 이곳을 지나는 화물차에서 충격으로 떨어지는 곡물을 먹기 위해 많은 새들이 차바퀴 사이를 돌아다닌다.

인도의 언어

내가 알고 있는 인도의 언어는 힌두어와 영어로 알고 있다. 고급학교일수록 영어로 교육을 한단다. 문맹율도 높지만 생각보다 영어로 말하는 사람이 많지 않고 거의 다 힌두어를 쓰며, 영어수준도 그다지 높아 보이지 않았다. 일행을 안내했던 가이드는 인도 최고의 델리대학 출신으로 영어로 읽고 쓰고 말하기가 편하고 힌두어는 읽고 말하기는 문제가 없으나 쓰기는 어렵다고 한다. 내가 보아도 글자 쓰기가 너무 어렵다.

거리의 성자

인도의 관광지는 어디를 가나 구걸하는 사람이 있었지만 바라나시는 정말 구걸하는 사람이 많다. 어린아이를 안고 구걸하는 여인도 있지만 조그만 깡통을 앞에 놓고 줄지어 앉아있는 노인들, 그들은 더 이상 내려갈 곳이 없기에 이미 가장 낮은 곳에 있기에 거리에 성자라 부르려한다.

인도 가이드 꿀씽

회계사 준비를 하다가 우연히 한국어를 접하게 되고 독학으로 공부하고 한국계 회사에서 조금 일하다가 한국인 가이드 생활 9년차라는 삼십대 인도 가이드는 실전에서 익힌 한국어를 잘 구사한다. 재미있고 열정적이며 자존감이 있고 본인이 시크교도로 무사출신(크샤트리아)임에 자긍심이 대단했다.

인도의 성

인도를 관광하며 많은 성을 보았는데 타지마할 같은 대리석 성도 있으나 거의 붉은색 사암을 사용한 성이 대부분이다. 캄보디아 앙코르와트도 붉은 사암을 사용하여 분위기는 비슷했으나 건축 양식이 다르며 서양의 성에 견주어 모자람이 없는 수준이다. 다만 그 감동이 전해지지는 않았다. 특히 아그라의 타지마할은 많은 기대를 가지고 갔지만 생각만큼 대단하지는 않았다. 사랑의 스토리가 더해지지 않았다면 여느 많은 예쁜 성중에 하나일 것이다.

인도의 자연

인도의 일부를 보고 이런 글을 쓰는 게 옳은지 모르겠으나 끝없이 펼쳐진 밀밭에는 밝은 청색과, 잘 익은 갈색 그리고 추수한 땅이 혼재 되어있어 일 년에 삼모작이 가능하다니 상당히 부러웠다. 그런 땅이 있기에 또 많은 인구가 사는 게 아닌가 싶다. 농촌의 풍경은 가끔 농기계가 보이긴 하지만 아직은 사람 손이 주된 경작 방식인 것 같고 밭 사이에는 정겨운 허수아비도 보인다.

인도의 마사지

워낙 사람 손을 좋아하는지라 '마사지를 하겠냐?'는 질문에 얼른 손들고 늦은 식사 후 인도식 마사지가게에 도착했는데 마사지사가 남자란다. 남자는 남자 마사지사, 여성은 여성 마사지사 이성 간에는 할 수 없단다. 약간 찜찜한 기분으로 방으로 안내되어 보니 남인도 남자로 거의 흑인 수준으로 까만 사람이 옷을 벗으란다. 주섬주섬 옷을 벗고 겨우 팬티만 입었는데 그것마저 벗으란다. 알몸으로 서있는데 정말 얇은 흰 천으로 된 일회용 팬티로 폭이 겨우 십 센티 정도의 작은 천으로 겨우 중요한 물건만 가리고 누우니 온 몸에 기름(기름과 인도식 약재가 혼합된)을 붓고 손으로 마사지하는데 방식이 중국식 혈 지압도 아니고 태국식 꺾기도 아니고 베트남식 돌마사지도 아니고 손바닥으로 온 몸을 비비듯이 마찰하여 열을 이용하는 방식이다. 난 마음속으로 되뇌었다. 지금 내 몸을 만지는 사람은 분명히 여자다. 반드시 여자다. 마사지의 효과는 어느 정도 인정하지만 그 찝찝함은 상당히 오래갔다.

그 밖의 인도

종교는 힌두교, 이슬람교, 불교, 기독교, 시크교 등 다양한 종교가 큰 갈등 없이 사는 것 같다. 계급 간 갈등이나 차등을 알 수는 없었으며 다만 빈부 격차는 많이 심한 것 같다. 시골 마을은 티브이에서 본 것처럼 소똥 말린 것을 연료로 쓰며, '사람이 살 수 있을까' 싶은 곳에서 사는 사람도 있다. 한번은 아침 일찍 호텔을 나와 걷는데 호텔에서 버린 쓰레기를 가난한 이들이 뒤져 일부를 가져가면 그 뒤에 소와 개가 와서 먹을 것을 챙기고 나머지는 버려진다. 정말 잘 사는 사람의 모습을 보지는 못했지만, 일반 거리의 가난한 자와 쇼핑몰에서 본 인도인의 모습은 말과 행동 그리고 외모에서 차이를 느낄 수 있었다. 마지막으로 인도의 모습을 정의 하라면 카오스(혼돈) 그 자체였다. 세상의 모든 것이 허용되는 나라, 질서와 무질서가 나름 질서 있게 공존하는 카오스의 나라다.

미국 여행

한 열흘간 미국여행을 다녀왔다. 당초 누이 사는 뉴욕과 친구 사는 시애틀을 보름정도 계획했다가 뉴욕 부근만 다녀왔다. 뉴욕 시내관광, 워싱턴, 나이아가라폭포, 토론토를 거쳐서 뉴욕으로 돌아오는 일정으로 누이 집 3일을 제외하면 쉽지 않은 여정이다.

보고 싶던 누이

이번 여행을 마치며 '나도 어쩔 수 없는 수컷이구나.' 생각했다. 미국으로 이민간지 30년이 넘고 초기에 고생했지만 지금은 잘 산다고 수화기 넘어 누이의 목소리를 들으면서도 '정말 잘 사는지' 내 눈으로 확인하고 싶었다.

동생이면서도 말이다. 내가 확인한 누이는 편안해 보였고 사는 것도 좋아 보이고 아이들도 잘 커주어 있는 내내 기분이 좋았다. 매형이 은퇴하면 한국에서 살고 싶다니 어쩌면 누이 보러 미국을 안 가도 될 것 같다.

나이아가라 폭포

세계 3대 폭포 중 처음으로 나이야가라 폭포를 보았다. 미국 쪽

바람의 동굴, 캐나다에서 '안개속의처녀호' 배를 탄 일, 헬기투어, 지상에서 본 폭포, 모두 기대이상이었다. 먼저 그 규모에 놀라고 엄청난 물에 감탄했다. 내가 폭포에 일부인양 함께한 것은 정말 글로 표현하기 힘든 자연 경관이다. 나머지 폭포 중 아프리카에 있는 빅토리아 폭포는 어려울 것 같고 남미에 있는 이과수폭포는 꼭 봐야겠다.

뉴욕 시내

모마 미술관, 엠파이어스테이트 빌딩, 한인타운 등 몇 곳을 가보았지만 미술에는 관심이 없고 한인타운에는 한국의 은행, 한인식당, 한국 마켓이 있어 여기서 살면 정말 영어 안 해도 될 듯 싶다. 무엇보다 조카가 엠파이어스테이트 빌딩에서 일한다는데, 토요일에 방문하게 돼 휴일이라 그 빌딩에서 조카를 만나지는 못했다.

워싱턴

국회의사당, 자연사박물관, 링컨기념관 등을 보았다. 기대했던 자연사 박물관은 사람이 너무 많고 짧은 관람시간으로 진짜 보고 싶은 것은 못 본 것 같다. 오히려 링컨 기념관에서 톰행크스 주연의 영화장면이 기억났다.

토론토

미국이나, 캐나다나 역사가 길지 않으니 유적이랄 것은 없고, 토론토는 천섬을 가기 위한 경유지로 그다지 기억에 남는 것이 없다. 그리고 천섬 역시 남들은 아름답다 하는데 난 그저 그렇다.

쇼핑

미국에 가기 전부터 집사람이 아울렛 얘기를 하도 해서 큰마음 먹고 준비했는데 집사람이 원하는 건 너무 비싸거나 한국 아울렛과 별반 차이가 없어 그냥 식료품과 아이들 신발 몇 가지만 사왔다. 큰마음은 다음으로 이전해야겠다. 나에게 있어 누이는 각별하다. 각별 하지 않은 피붙이가 있겠냐만, 집안이 어려울 때 학교를 다녀 하고 싶은 일도 많이 못하고 매형하고 결혼하고 미국으로 갈 때까지 일 년 정도 더 잘해줘야 되는데 그때까지도 형편이 그리 좋지 못해 맛있는 거 많이 못해줘 늘 마음이 아팠다. 이제 살만하니 잘 해주고 싶은데 너무 멀리 있어 안타깝다.

비행기 프래스티지

아마 이번여행에서 하이라이트라면 비행기 프래스티지 좌석을 타고 14시간을 여행한 것이다. 돈 많은 사람에게는 별거 아닐지 몰라도 내가 적어놓은 버킷리스트에 들어있는 생애 과제 중 하나이다. 물론 마음만 먹으면 한번쯤 탈수도 있지만 비용 대비 효과 면에서 쉽지 않다. 그래서 열심히 10년쯤 대한항공 마일리지를 모아서 이번에 한 방에 털어 넣고 좌석을 승급해서 프레스티지를 탔다. 180도 펼쳐지는 의자에서 편안하게 자고 코스로 나오는 기내식 먹고 인증샷도 찍었다. 항상 좁은 자리 때문에 잠을 못자고 다리가 부어 비행기 복도를 서성였던 내가 이번에는 누워서 편안한 잠을 자며 14시간이 어떻게 지나갔는지 모르게 편안한 비행이었다. 여행을 마치고 집사람이 '앞으로 이코노미는 못 타겠어.'하는 소리에 약간 긴장은 했지만 나도 정말 좋았다. 그리고 버킷리스트에 또 한 줄을 그었다.

현지 여행사

이번 여행의 불만이라면 미국 현지여행사의 운영방법이다. 특별한 경우가 아니면 꾸려진 한 팀이 끝가지 함께하는 게 보통의 단체 여행인데 이번에는 뉴욕만 보는 사람, 뉴욕과 나이아가라만 보는 사람, 천섬까지 가는 사람 등을 묶었다 풀었다 반복해서 버스도 자주 바뀌고, 사람도 자주 바뀌었다. 보통 일행이 서먹서먹하다가 이삼일 지나면 조금씩 친해지며 여행에 재미를 더하는데 이번에는 사람 사귈 시간이 없다. 아무리 미국식 블랙퍼스트라지만 호텔에서의 아침식사가 너무 부실해 자칫 한국 관광객은 이렇게 대접해도 된다는 인식을 호텔에 심어줄까 영 개운치 않다.

여행을 마치고

항상 여행을 마치고 집에 돌아오면 피곤하고 뭔가 빠진 것 같은 느낌인데 이번 여행의 주된 목적인 누이를 보고 나이아가라폭포를 봐서 그런지 마음이 편했다. 다만 이제 나이가 들어서인지 아니면 동쪽으로 여행을 해서인지 시차 때문에 조금 많이 고생했다.

남미 여행

여행 짐 싸기

남미 여행의 시작은 아마 약 칠 년 전 다니던 직장을 그만두고 나오며 작성한 버킷리스트에서 시작일 것이다. 남미가 나에게 절실한 여행지는 아니지만 꼭 한번은 가보고 싶은 여행지였다. 건강이 그리 좋은 편은 아니라 정말 기대 반 걱정 반으로 시작했다. 난 남미에서 꼭 보고 싶은 것은 이과수폭포, 마추픽추, 우유니 정도인데 집사람은 이제 또 언제 가겠느냐며 중남미 전체를 얘기하고 결국 타협해서 중미를 제외한 남미 28일을 결정했다. 그간 다른 여행은 준비물 목록을 작성하고 여행 전날 짐을 꾸린 반면 이번여행은 목록을 작성하고 짐을 꾸리는데 근 한 달을 조금씩 준비했다. 마지막 사흘은 짐을 싸고 넘치는 물건은 빼고 부족하다고 느낀 부분은 보완하고 싸고 풀기를 세 번은 한 것 같다. 가방의 제한이 곧 여행에 제한이기도 했다. 옷가지와 먹을 것 그리고 전자기기 빼면 불편할 것 갔고 담으면 넘치고 선택과 집중 그리고 운까지 감안한 가방이었다.

역사와 문화

남미에 역사가 있을까? 문화가 있을까? 조금 심하게 평하면 없다.

기대했던 잉카문명은 우리나라 영·정조시대로 경이로울 게 없고 그마저도 지키지 못해 사라졌다. 마추픽추는 예쁘고 해발 3,800m에 있다는 것이 신비롭지만 피라미드처럼 거대하지도 않고, 그리스 로마처럼 섬세하고 아름답지도 않다. 아시아 문화처럼 단아하고 간결한 아름다움도 없다. 나의 좁은 소견으로 그 높은 곳에 성을 쌓을 이유는 단 하나다. 적의 침략이나 내부의 반란이 두려운 지배계층이 쉽게 다가설 수 없는 이점을 살린 전략 일 뿐 그곳에 삶을 가진 보통의 주민들은 좁은 땅의 부실하고 단순한 수확물로 춥고 배고픈 고단한 삶을 살았으리라 인구 또한 몇 천(쿠스코제외)이라 하니 그저 조금 큰 부락밖에 더되겠나 싶다. 역사와 문명이 아니라면 문화라도 있어야 하는데 남미의 문화라는 것이 정복자 스페인 포르투갈의 아류일 뿐, 진정 그들만의 문화를 보지 못했다. 간혹 후속작이 원작을 뛰어넘는 경우가 있지만 그렇다고 원조는 아니다.

고산증

여행사에서 고산증에 대한 설명과 대처법 등 여러 가지를 알려줬지만 3,600m급 알프스를 세 번이나 올라갔고 한 번도 고산증을 느껴 보질 못해 사실 고산증 걱정은 처음부터 없었다. 하지만 마추픽추에서부터 살짝 머리가 아프고 걷다가 가끔씩 다리에 힘이 풀리는 것을 느꼈다. 난 이정도로 지나갔지만 집사람은 조금 더 심했고 일행 중 고산증으로 매우 힘들어 하는 것을 보았다. 볼리비아는 공항부터 4,200m이고 우유니사막의 대부분이 4,200 ~ 4,600m의 고지이다. 특히 우유니사막에서 칠레로 넘어가는 길은 거의 해발 오천 미터를 찍었다. 내 자신에게 칭찬했다. "너, 해발 오천 미터도 가봤어? 백두

산에 한라산을 합친 것만큼 높게 올라 간 거야 대단해."라 하지만 더 대단한 것은 우리는 걷기도 힘든데 볼리비아 사람들은 축구를 한다니 확실히 그들은 우리와 다르다.

볼리비아 우유니 랜드크루져

우유니 소금사막에서는 랜드쿠루져라는 사륜자동차를 이용해 관광을 한다. 지형이 소금사막, 모래사막, 흙으로 된 사막 등 거의 포장이 되지 않은 길을 가기에 랜드쿠루져라는 차량을 이용한다. 남미에서도 가장 가난하다는 볼리비아 정말 그 높은 곳의 잡풀만 겨우 자라는 척박한 땅에 농산물은 물론이고 바다도 전쟁으로 빼앗겨 수산물도 석유도 없는 우유니사막의 소금에서 생산하는 리튬이 그나마 값어치 있는 광물이다 주유소도 없는 사막을 달리기에 차량 지붕에는 기름통이 몇 개씩 있고 수시로 호수를 꼽고 입으로 쭉 빨아 주유를 한다. 어릴 때 그런 식으로 풍로에 기름을 채우다 한 모금 삼키고는 하루 종일 기름 냄새로 고생한 기억이 있다. 일출과 일몰이 주요 관광이기에 이들은 거의 조금밖에 잘 수 없다. 우리가 칠레로 가는 길 랜드크루져의 대장이 차만 정차하면 운전자에게 무언가 주머니에 넣어준다. 코카잎 이다. 배고프고 졸린 그들에게 약간의 마약 성분이 있어 고단함을 잊게 한다. 운전자들은 코카 잎을 씹으며 피곤과 걱정을 함께 씹는다.

사막여우

아마 이번 여행에서 뜻하지 않은 행운이라면 야생의 여우를 세 번이나 보았다. 그중에서 칠레로 가는 길 가장 높은 해발 5,000m의 사막의 간헐천, 따듯한 물이 나오는 곳에서 만난 사막 여우일 것이다. 관광객을 태운차가 정차하자 어느 틈엔가 그녀석이 나타났다. 정확히 암컷인지 수컷인지 알 수 없으나 불쑥 나타나 우리를 향해 아주 조심스럽게 다가온다. 일정한 거리를 유지하면서 뭔가를 기다린다. 일행 중 누군가가 비스킷을 던져주자 다가와서 먹는다. 늘 일정한 간격을 유지하면서 과일을 제외하고 육류와 비스킷을 잘 먹는다. 여우가 인간을 경계하는 것은 당연하다. 그러면서도 인간이 오면 먹을 것이 생긴다는 것을 안다. 사막의 여우는 이미 사막의 개로 변했다. 조금은 슬프다. 그 후로 버스 안에서 또 다른 여우를 보고 푼타아레나스의 호텔에서 또 여우 한 마리를 보았다. 여우를 처음 본 것은 아니지만 야생의 여우를 사막에서 들판에서 본 것은 분명 행운이다.

여우 · 2

푼타아레나스에 있는 호텔에서 한가한 시간을 보내는데 갑자기 여우 한마리가 나타났다. 주차장 부근을 2,3분간 어슬렁거리다 사라졌다. 먹이활동인지 탐구생활인지 알 수는 없으나 남미를 여행하며 야생 여우를 세 마리나 보았다. 물론 호텔에는 더 많은 여우가 있지만 난 저놈이 좋다.

우유니 소금사막

달에 간 우주인이 달에서 본 지구의 하얀 점이 돌아와 보니 우유니 소금사막이란다. 서울시 두 배 크기라니 달에서도 보일만 하다. 우유니 소금사막은 희다. 그리고 넓다. 대부분 육지의 소금은 일부 불순물을 품고 있는데 반해 우유니 소금은 눈으로 보기에도 그냥 먹을 수 있을 만큼 깨끗해 보인다. 해발 4,500~4.600M 고지의 어마무시한 평지에 광활한 소금밭이다. 그나마 이 소금에서 희토류 중 리튬을 생산한다니 가난한 볼리비아에는 그나마 다행인데 이마저도 중국이 침 바르고 있단다. 세상은 가난한 자에게 이리도 많은 시련을 주시는지 모르겠다. 우유니 소금사막에 있으면 정말 내가 외계에 있는 기분을 갖게 한다. 우리는 해 저무는 우유니 사막에서 소금물에 발 담그고 영어로 우유니를 쓰기도 하고 조금 촌스럽게 느끼는 여러 행동을 취해봤다. 잠시 어린 시절로 돌아간 기분이었다.

랜드쿠루져와 식사

오래전 스쿠버다이빙을 배울 때였다. 필리핀의 한국인이 운영하는 가게에서 장비도 빌리고, 배도 빌리고 그곳에서 먹고 자는 것도 함께 해결하는 구조다. 하루는 보트 다이빙을 나가 다이빙을 2회 하고는 배위에서 점심을 먹는데 선원과 스탭(다이빙을 도와주는)들이 맛있는 도시락을 푸짐하게 준비해와 도시락, 음료, 과일 등을 먹고 난후 선원과 스텝들이 우리가 남긴 도시락과 음료 등으로 식사를 해결하는 게 아닌가? 내가 조선의 임금도 아니요, 그들이 무수리도 아닌데 정말 미안한 마음에 다음에는 같이 먹자고 해도 그들은 손사래치며 어서 먹으란다. 그 이후로 음식을 배불리 먹지 못했다. 그런데 이곳 우유니 사막에서 투어 이튿날 차량을 운전하여 주시는 분들이 우리를 위해 사막 한 가운데 차양을 치고 와인이며 간이 뷔페 방식으로 점심을 준비해주셨다. 이분들 역시 우리가 먹고 남긴 음식으로 식사를 한다. 음식은 충분했다. 일부 음식이 부족하긴 했지만 다 같이 먹어도 충분한 양이라면 같이 먹는 게 더 낫지 않겠는가? 세상은 참

불공평하다

백야

십여 년 전 여름 영국으로 출장을 갔을 때 아홉시가 조금 넘은 시간에 해가 지는 것을 보고 백야의 맛을 조금 느껴봤다. 남미대륙 끝 우수아이아 현재시간 열시 삼십분 아직도 바닥에 떨어진 동전을 주울만큼 환하다. 완전한 백야는 아니지만 헐~, 이 남는 시간에 뭘 하지?

답답함

남미에 와서 가장 크게 느낀 점을 한 단어로 말한다면 '답답하다.' 이다. 비행기 티켓 발권하는데 세월(인터넷이 늦단다)을 보낸다. 슈퍼에서 물건 값을 계산하는데 또 하세월이다. 도무지 급한 것이 없다. 서두르라는 것은 아니다. 상대의 시간이 내 시간만큼 소중하다면 그 시간을 아껴주는 것이 상대에 대한 배려다. 그런 것이 보이지 않는다. 이들과의 접촉에는 정말 내 인내심을 필요로 한다. 누군가는 말한다. 그들이 정상이고 우리가 급한 거라고, 어느 것이 맞는 말이건 관계없다. 이들과 오래 살다가는 내 복장이 터질 것 같다. 남미인들이여 아무리 그대들이 여유로운 마음으로 산다 말해도 내 눈에는 그저 게으를 뿐이다.

산티아고 공원의 물주기

산티아고 도시 역시 건조한 기후 때문에 공원에 일부러 물을 주고 있다. 대략 20~30미터 간격으로 호수를 연결할 수 있는 수도 설비가 되어있고 호텔 근처에 그리 크지 않은 공원에 세 명이 나무며 풀밭에 물을 주고 있다. 서두루지 않고 천천히 골고루 물을 주고 있다. 아마 이곳이 미국이라면 사람 대신에 스프링클러가 돌아가겠지, 한국이라면 비가 적당히 오니 가뭄 때 스프링클러는 없을 것이고 아마 커다란 물차에 사람이 타고 다니며 물을 줄 것이다. 합리성과 경제성 고용성을 비교하면 가장 좋은 답이 무얼까 쉽지 않은 질문을 해본다.

백인 청소부

부에노스아이레스 공항에서 허름한 차림으로 공항 쓰레기통을 청소하는 백인을 보았다. 아르헨티나 국민 대다수가 백인이고 보면 당연한 일인데, 왠지 흑인이 어울릴 것 같고 백인은 어색함을 느꼈다. 이 얼마나 골이 깊은 편견인가 직업에 따라, 피부색에 따라 우리의 삶이 주어지지 않는데도 그동안 나 역시 많은 편견을 가지고 있다는 사실에 다시 한 번 놀란다.

인연

부에노스아이레스의 '엘아테네오'라는 서점을 방문한날 웬 한국청년이 반갑게 인사를 한다 "안녕하세요, 기억하시겠어요?" 그러고 보니 낯익다. "저번 이집트 가이드예요." 올 2월 이집트 여행 때 9일간 서울에서 이집트, 다시 서울까지 함께했던 청년이다. 이렇게 반가울 수가. 서울도 아니고 이집트도 아닌 지구 정 반대 쪽 아르헨티나의 부에노스아이레스의 서점에서 그를 만났다. 어떻게 정의하기 어려운 정말 엄청난 인연이다.

이과수폭포

남미 여행을 계획하며 가장 크게 기대한 곳이 이과수폭포다. 인적으로는 남미 여행의 으뜸이라 생각한다. 세계 3대폭포가 나이아가라, 이과수, 빅토리아 폭포다. 세 군데를 다 다녀본 분이 평하기를 나이아가라는 넓이가, 이과수는 수량이, 빅토리아는 높이가 으뜸이라 한다. 빅토리아폭포는 보기 어려울 것 같고, 나이아가라를 처음 보았을 때 저절로 입이 벌어지고 우와 하는 탄성이 나왔다. 사실 첫날 부라질쪽 이과수를 보았을 때 아기자기 하고 예쁘지만 나이아가라만 못하다는 생각을 했고 둘째 날 오전 아르헨티나 쪽 이과수폭포 물을 맞을 때 까지도 약간은 실망을 한 것은 사실이다. 오후 악마의 목구멍을 보기 전 까지는 말이다. 한참을 걸어 악마의 목구멍에 다가가자 사람들이 '이과수, 이과수.'하는 의미를 알겠다. 나이아가라와 이과수는 느낌이 다르다. 나이아가라폭포가 코끼리 같은 그 거대함에 경건함을 가지게 한다면 이과수폭포는 용맹한 사자 같은 거칠음 그리고 활발함에 감탄 할 수밖에 없다. 평원을 흐르는 잔잔한 물이 합쳐지고 협곡을 만나 빠르고 거칠며 힘찬 폭포가 된다. 자연이 새겨온 그 위대함에 작은 인간은 그저 경외심을 표할 수밖에 없다.

부라질과 축구

리우데자네이루 빵지아스카루산에 올랐을 때 화장실을 갔다. 우리나라 다중 이용 화장실 남성 소변기에는 파리 스티커가 붙어있다. 남성들의 사냥 본능으로 파리를 맞추면 검은 파리는 회색으로 변한다. 이렇게 하여 최대한 주변을 깨끗이 한다. 하지만 부라질의 남성 변기에는 자그마한 축구골대가 있고 가운데 골키퍼도 있다. 정조준해서

골대 안으로 넣으라는 얘기일 것이고 골키퍼를 맞추면 골키퍼가 흔들린다. 우리네 파리와 같은 개념이다. 화장실 변기에 골대를 세우다니 참으로 부라질스럽다.

스님 두 분

몇 번을 망설이다 이 글을 쓴다.

불가의 세 가지 보물은 부처님, 법문, 그리고 스님이다. 그만큼 불가에서 스님의 위치는 절대적이다. 물론 불가와 관계없는 분은 의미가 없지만 난 수계(세례)를 받고 법명(세례명)을 가졌다. 그리고 불교 공부를 조금은 한 사람으로 불교신자라 말하기는 부끄럽지만, 출발 하는 날 공항에서 스님 두 분을 뵈었을 때 무척 반가웠고 합장으로 예를 갖추었다. 그래서 먼저 다가서기도 했다. 여행을 할수록 그 분들 행동에 고개를 갸웃했고 이 글에서 밝힐 수는 없지만 한 가지 일로 크게 실망하고 그 이후 두 스님과 거리를 두었다. 그것이 내가 스님들게 할 수 있는 최대한의 배려였다.

여행과 날씨

이번 여행에서 날씨는 정말 좋았다. 볼리비아 달의 계곡에서 잠시 소나기를 피한 것을 제외하면 근 한 달 동안 관광하는 내내 날씨로 인한 불편은 없었다. 궂은 날씨 또한 관광의 일부라고 말하는 사람도 있지만 일기가 불순하면 불편하다. 리우데자네이루에서 살짝 더웠지만 코파카파나 해변 옆이 아닌가, 덕분에 볼거리는 제법 있었다. 그 외에는 기온 또한 적당했다. 하나님의 덕이건, 부처님의 덕이건 상관없다. 좋았으면 그만이다.

한국자동차

예전에 프라이드 자동차가 처음 나올 즈음 유럽 출장길의 알프스 주변도로 휴게소에 주차되어 있던 프라이드를 보고 뭉클한 감정을 느꼈다. 그때는 한국 차의 유럽수출이 안 되던 때에 어떻게 그 프라이드가 알프스 중턱 호수가 휴게소에 주차되었는지는 모른다. 하지만 한참을 서서 흐뭇한 마음으로 보던 기억이 난다. 이번 남미 여행에서 어디를 가던 한국 차를 흔히 볼 수 있다. 현대, 기아, 쌍용 자동차다. GM대우차는 국내 생산인지, 미국 생산인지 구분하기 어려워 제외하더라도 어림잡아도 한국 차가 10%는 넘어 보인다. 그 예전에 흐뭇함이 아닌 이번에는 자부심으로 다가왔다. 물론 호텔 TV중 삼성, LG가 많기는 했지만 자동차는 크기 그리고 눈에 띄는 효과는 짱 이다.

에필로그

시간이 어떻게 갔는지 모르겠다. 거의 한달 이라는 기간이 때로는 즐겁고, 힘들기도 하고 또 가끔은 지겨워 빨리 돌아가고 싶은 마음도 있었는데 지금은 그저 멍하다. 시차 때문인지 긴장이 풀려서인지 몸도 무겁고, 다만 인천공항에 내리자 세차게 울리는 휴대전화가 나를 꿈에서 현실로 인도한다. 사람의 모습이 서로 다르듯 같은 것을 보고도 다르게 느끼고, 생각 하는 것도 다르다. 그 서로 다름이 세상을 다양하게 하는 근본이고 또한 세상을 아름답게 한다. 여행은 나를 겸손하게 만든다.

터키 여행

인연

사람과 사람이 만나고 그것이 인연이 된다. 우리가 하루에 한사람씩 매일 만난다면 1년에 365명, 10년에 3,650명, 100년에 36,500명이다. 하지만 우리가 인지할 능력이 생기는 유아기를 제외하고 또 나이 들어 활동이 줄어드는 것을 감안하면 대략 20,000명 정도가 아닐까. 지구인을 60억으로 보면 우리가 살면서 만날 확률은 대략 1/300,000 정도 그래서 우리의 인연은 참 대단하고 또한 8일정도 한솥밥과 같은 곳에서 잠을 잦으니 잠시나마 우린 식구였다. 그것도 제법 잘 어울리는 그래서 난 이번 여행이 더 행복했다.

역사인식

사람의 뇌가 장식이 아니라면 비교, 판단, 기억이 주된 용도일 것이다. 거기에 하나를 더 추가하면 인식(관념)이 생긴다. 그런데 역사란 늘 승자의 역사였고 많은 부분, 진실은 호도되고 변질된다. 특히 오래된 역사 일수록, 힘 있는 자의 역사 일수록 더 그렇다. 여행을 하며 늘 안타까운 것이 서구 역사를 높게 생각하고 상대적으로 우리의 역사를 쉬이 보는 사람이 있다. 특히 현지 가이드 중에 더욱 많다. 아마 그 나라의 역사와 문화를 알려주다 보니 그럴 수 있다고 이해는 되는데…….

우리는 5,000년의 역사를 가지고 있다. 이런 역사를 가진 나라는 얼마 되지 않는다. 우스갯소리가 아니다. 강한 놈이 살아남는 개 아니라, 살아남는 놈이 강한 것이다. 라는 말이 있지만 그것보다 단재 신채호 선생이 쓴 『조선 상고사』라는 책이 있다. 신채호 선생은 역사학자이고 책을 읽어보면 나름대로 여러 문헌을 참고하여 증거를 바탕으로 한국의 고대 역사를 기술하고 있다. 이 책의 한국은 중국과 대등하게 겨루고, 한때는 중국을 가르치는 역사를 가진다. 물론 그분의 사관이 지나치게 국수적인 면은 있다. 하지만 우리가 배운 역사가 모두 진실은 아니다. 많은 부분이 일제강점기 식민사관의 영향을 받은 것을 부인할 수 없다. 내가 하고 싶은 말은 역사를 좀 더 객관적으로 보고, 확립되지 못한 부분이라면 우리에게 좀 더 유리하게 해석하는 것이 잘못은 아니라고 생각한다.

문화

그리스를 비롯하여 서유럽, 동유럽, 남유럽의 중요한 건축물은 대개 석재로 되어있다. 보통 성당 하나 짓는데 300년 성 하나 짓는데 200년, 우리나라에서 절을 짓는데 대략 5년, 왕궁을 하나 지어도 보통 10~20년이면 족하다. 그러면 유럽의 건축물이 더 훌륭한 것이냐, 아니라고 생각한다. 유럽의 땅은 대리석이 많고, 대리석은 가공이 쉽다, 하지만 한국, 중국, 일본은 화강암이 많고 가공이 어렵다. 하지만 목재는 많아서 주로 목재와 흙을 이용한 건축을 만든다. 대리석은 2층, 3층 더 높이도 가능하지만 흙과 나무는 쉽지 않다, 문화는 그 지역의 특징과 민족의 기질에 따라 서로 다른 것이지 어느 것이 더 우월할 수 없다. 그런데 사람들은 유럽의 문화를 더 우월 하듯이 말한다. 그것도 어린 학생들이 있는데 말이다. 로마시대 이후 1,600대 르네상스 이전까지 중세를 암흑기라 하고 그들의 문화는 정말 보잘 것 없었으며 교황이 결혼하고 자식에게 자리를 물려주기도 했다. 우리나라 영·정조시대의 한양 인구가 대략 50만 정도이니 런던보다 크고 파리만 했으며 유럽에 있었다면 5위 안에 든다. 특정한 종교를 폄하 하고 싶지는 않다, 다만 그들이 근대화를 빨리 이루고 경제를 발전시켜 우리보다 지금은 조금 나을지 몰라도 오래 가지는 않을 것이다. 우리의 문화에 자부심을 가져도 된다.

가파도키아와 열기구

이번 여행에서 제일 기대를 한 것이 가파도키아와 열기구 타기 이다. 정말이지 카파도키아의 자연은 환상적이다. 터키 일정을 통 털어 가장 좋았다. 대지의 침식으로 탄생한 자연의 진정한 예술이다. 어떻게 저런 모양의 바위가 가능하지 생각이 들고 또 그 땅을 파고들어가 생활을 했다니 정말 신기했다. 땅에서만 보았다면 감동이 덜했을 것이다. 열기구를 타고 하늘에서 본 풍경은 충분히 경이로웠고 형형색색의 그 많은 열기구들의 향연 또한 아름다웠다. 다만 내 손에 활이라도 들려 있다면 하나씩 맞추어 떨어트려야 할 것 같았다.

파묵칼레

사진에서 본만큼 아름답게 느껴지지는 않았다. 많은 사람 때문인지 일부지만 조금 더러운 부분이 자주 보였다. 하지만 내 기대 이상 이었다. 시간과 수영복이 있다면 물에 몸을 담그고 파란 하늘을 보고 싶다. 아쉬웠지만 정말 아름다웠다. 단체 관광이 아니라면 며칠 쉬며 지내고 싶었다. 여행의 목적이 관광, 휴양, 활동으로 나눈다면 터키는 관광과 휴양을 함께 해야 좋을 것 같다.

에패소

분명 오래되고 아름다운 유적 이지만, 이탈리아 폼페이 유적만은 못하다. 물론 내 주관이지만. 폼페이도 배가 접안하던 항구이고 에페소 역시 항구이니 바로 비교가 된다. 아마 폼페이 유적은 인간의 손에 훼손 되지 않은 유적인 반면 에페소 유적은 사람의 손을 많이 탄 것 같다. 제법 여행을 다니다 보니 남들은 정말 좋다고 하는데 난 별로 흥이 나지 않을 때가 있다. 대개는 최고를 보고나면 그 아래는 아무리 좋아도 그 흥분이 반감된다. 일등만 생각하는 나쁜 사람이라 말해도 어쩔 수 없다, 이등이 있다면 반드시 일등이 있을 것이고 그 유적이나 자연이 최고이기 때문이다.

이스탄불

그랜드바자르, 성 소피아성당, 불르모스크, 톱카프 궁전 등 이스탄불은 역시 활기차고 아름다운 사람 사는 곳이다. 죽어있는 유적이 아니고, 그냥 자연도 아니고, 사람과 사람이 만나고 부딪치고 살아가는 살아있는 도시 그 자체다. 시장은 우리네 재래시장처럼 정겨웠고, 성 소피아 성당은 아픔과 사랑을 가지고 있으며, 불르모스코는 가장 터키적이지만 냄새가 좀, 톱카프 궁전은 베르샤이유 궁전에 비교하지만 규모나 아름다움은 조금 작고 아기자기 하고 예쁜 구석이 있다. 이스탄불의 오래된 다리 아래의 카페에서 마누라 눈치 보며 피웠던 그 물담배의 향이 아직도 그립다.

맺는 글

신은 나에게 글 쓰는 재주를 주었다. 그런데 조금만 주었다.

여행은 늘 설레임으로 시작한다. 새로운 곳에서 새로운 사람을 만나고 새로운 경험을 하게 된다. 사진을 정리하다 보니 3~4일이 지나서 타인의 얼굴이 있다. 이제야 조금 담장을 낮추고 얼굴을 마주 대하기 시작했다. 그리고 갈수록 빈도가 늘어난다. 여행은 어디를 가서 무엇을 보고 어떤 걸 먹고 새로운 느낌을 갖는 것도 중요하다. 하지만 더욱 중요한 것은 늘 생활하던 곳을 떠나 익숙하지 않은 경험(사람, 음식, 장소)을 통하여 한 발 떨어져 나를 돌아보는 시간이 된다면 더욱 좋을 것이다.

베트남 여행

다낭, 후예, 호이얀

세도시를 돌아보며 다낭은 현대적이고 아름다운 긴 해변을 끼고 있는 휴양도시이며, 후예는 옛 왕조를 품은 역사도시, 호이얀은 강과 함께한 오래된 상업도시로 각각의 매력을 가지고 있다.

동행

나이 듦과 짧은 영어로 인해 대부분의 여행을 단체로 다니다 보니 동행하는 사람들과의 인연이 참 중요하다고 느낀다. '소주 사십 병을 준비했네.'하면서 시작과 끝을 술로 하시던 일행, 한국에서 돈 좀 벌었는지 동남아 현지인을 아래로 보던 분, 놀러 와서 가이드와 십 불 때문에 얼굴 붉히던 분, 세상에는 참 특별한 분이 많다. 다행이 이번 여행은 다들 원만하신 분들로 행복한 동행이었다.

비

여행을 하며 비를 안 만난 것은 아니지만 대개 하루 아니면 스콜 같은 잠깐의 비가 대부분인데 이번 여행은 비로 시작해서 비로 끝났으니 나에게 새로운 여행인 것은 맞다. 힘들다기보다 내내 눅눅하고 준비해간 선글라스를 활용 못한 것이 아쉽지만 나름 운치 있는 여행이었다.

호이얀

이번 여행이 빗속에서도 실치 않은 건 아마도 호이얀 때문일 것이다. 호이얀에 도착해 씨클로를 타고 한 바퀴 돌며 속으로 그래 내가 기대한 여행지 모습이야 말했고 이삼일 쉬면서 천천히 돌아보고 싶지만 단체관광의 아쉬움으로 접어야 했다. 내가 베트남 관광을 또 온다면 다낭의 해변과 호이얀 때문일 것이다.

시클로

시클로를 타고 난 실소를 머금을 수밖에 없었다. 비가 와서 뚜껑을 덮고, 하체를 천막으로 가려주니 조금 큰 유모차로 변신, 음료수 병이라도 하나 물고 있으면 완벽한 젖먹이로 돌아간 모습이다. 환갑이 내일 모랜데 유모차라니……. 헐~.

다낭 커피샵

세계 2위 커피생산국답게 곳곳에 커피숍이 있고 커피가 맛있었다. 내가 커피를 좋아하는 까닭도 있지만 커피 맛은 잘 볶은 원두를 갈아서 최대한 빨리 먹는 것이 커피 맛을 좌우하는데 대부분의 커피숍에서 그리되는 것 같다.

호텔과 음식

단체 관광을 하면 시내의 호텔이 아니라, 보통 비용 때문에 외각의 호텔을 잡아 이동시간과 주변에 볼거리가 없는데, 이번 호텔은 시내에 있고 아침 식사도 훌륭했다. 그 밖의 식사도 대체로 좋아서 여행하는 내내 먹는 문제는 대체적으로 만족했다.

천국과 지옥

천국을 싫어하는 사람이 있겠냐마는 지옥은 구경했지만 천국은 올라가지 않았다. 왜! 어차피 죽으면 갈 곳인데 미리 보면 기대치가 낮아질까 봐 가볼 수 없는 지옥만 다녀왔다.

오래된 성당의 모자이크나, 사찰의 벽화는 문맹자들에게 종교의 교리를 설명하고 전도하기 위한 목적이다. 아무도 천국과 지옥을 보지 못했는데 만들어 놓은 조형물은 조금은 조잡하고 문맹이 거의 없는 요즘에는 어울리지 않는다. 차라리 대리석 광산이니 잘 만든 대리석 조형물과 대리석 광산의 특징을 보여주었다면 하는 아쉬움이 남는다.

마사지

난 사람 손이 좋다. 필리핀으로 다이빙 여행을 가면 마사지를 매일 받는다. 비용도 저렴해서 한 번에 십불 정도면 가능하다. 앞으로 기계문명이 더 발달해도 사람 손만큼은 절대 이기지 못하리라, 스톤 마사지는 서울에서 받아본 마사지와 별반 다르지 않다. 다만 너무 뜨거워서 한번 비명을 지른 것 외에는. 서울에서는 살짝 데고는 '어떠세요?' 물었었다.

바나산 국립공원

비가 오고 짙은 안개로 크게 즐기지는 못 했지만 케이블카도 없던 시절에 그 건축물을 세우기 위해 얼마나 많은 사람들의 땀과 눈물이 필요했을까 잠시 아련한 생각에 잠겼다.

후예 왕궁

베트남의 마지막 왕조의 왕궁이다. 우리나라, 중국, 베트남 등은 모두 다 외세에 의해 무너진 왕조들이다. 프랑스처럼 자국의 혁명으로 무너진 왕조가 아니라 더 안타깝다. 시대의 흐름으로 덥기에는 왕조와 그 국민들의 삶이 처연하기 까지 한다. 후예 왕궁은 생각보다 규모가 컸으며 내성과 외성을 가진 나름 강력한 왕권을 지녔던 왕조로 생각된다.

호이얀 거리

지난해 집사람과 크로아티아를 여행할 때 내내 시큰둥하다가 이배리아반도 끝 두부루보닉성(맞는지 모르겠음)에서 모처럼 즐거운 시간을 가졌다. 이태리의 배니스, 크로아티아의 두부루보닉, 베트남의 호이얀 다 비슷한 분위기로 생각하면 된다. 한때 강력한 무역항으로 오래된 건축물과 지금도 세계의 관광객이 찾는다는 것 서양인에게 동양 문화는 생소하기에 신비로움을 갖는다. 호이얀이 딱 그들의 취향에 맞는다. 조금은 몽환적이며 건축물은 위압적이지 않으며 급하지 않고 사람의 냄새와 정을 느낄 수 있고 아름다운 곳 그곳이 호이얀이라고 생각한다.

원죄

마지막으로 우리는 베트남에 원죄가 있다. 지금은 희석되고 또 한류로 해 한국을 좋아 한다지만, 그리고 미국 때문에 돈을 벌기위한 전쟁 이었다고 아무리 포장해도 우리가 명분 없는 전쟁에 참여해서 그들에게 행한 죄는 잊지 말아야 한다. 노니샵에서 상품 설명을 하시던 분이 라이따이한이다. 필리핀에 퍼질러놓은 한국인 2세가 코피노이듯 베트남에 남겨진 한국인 2세, 우리가 일본에게 사죄를 요구하듯 그들도 우리에게 사죄를 요구할 권리가 있다. 여행가서 굽실거릴 필요는 없다. 다만 마음 한구석에 미안한 마음은 가지고 살자.

캄보디아 여행

여행 계획을 세우며

여행은 언제나 사람의 마음을 설레게 한다. 사실 이번 여행은 오래 전부터 계획을 하였으나 일정이 맞지 않거나 이러저러한 이유로 미루어지다 다소 무리하게 일정을 잡았다. 여행이라는 것이 다분히 중독성이 있어서 한번 다녀오고 나면 한동안 마음이 편안 하다가 시간이 지나면서 날아가는 비행기를 보면 내가 저 안에 있어야 할 것 같은 생각에 사로잡히고 만다. 지난여름 약 8개월 저축을 해서 아내와 아이들과 함께 서유럽여행을 했다. 사실 난 회사일로 두 번이나 가 본 곳이지만 너무 좋기에 안사람과 아이들에게 꼭 보여주고 싶어서 적지 않은 비용을 들여 다녀온 뒤 내년 휴가 까지는 참겠노라 마음먹었는데 날씨가 선선해지고 높은 하늘이 또 어디론가 가야 할 것 같은 조바심을 들게 했다. 10월이 끝나갈 무렵 금년도 사업계획을 마무리 지으며 금년 남은 일을 정리하던 중 성탄절을 전후하여 3일 연휴가 눈에 띄였다. 그냥 지나치기에는 아까운 시간이 분명해 인터넷으로 여행 상품을 뒤지다 마카오 경유 시엠립 4박5일 상품이 눈에 들어왔고 하루만 휴가를 쓰면 아침에 출근이 가능해 집사람과 전화한 후 바로 예약을 했다.

여행을 떠나기 전날

비교적 남들보다 많은 여행을 했지만 아직도 떠나기 전 짐을 쌀 때가 가장 행복하다. 이제는 국내 여행을 가는 것만큼 쉽게 짐을 꾸리고 짐을 꾸리는 것도 서너 시간이면 족하다. 퇴근 후 집에 돌아와 식사를 마치고 짐을 꾸리고 샤워를 마치니 12시가 약간 넘었다. 새벽 6시 30분까지 인천공항에 도착해야 하니 적어도 5시 30분에는 출발을 해야 한다. 새벽 운전을 위해 잠을 청했으나 눈을 뜨니 2시 30분, 잠이 오지를 않는다. 나에게 여행은 언제나 새로운 경험으로 흥분과 기대를 갖게 한다. 카메라를 꺼내어 다시 한 번 점검하고 여권과 지갑을 확인한 후 커피 한잔을 마시며 비행기 문이 열리고 첫발을 내 디딜때 "훅" 하고 들어오는 더운 열기를 느낄 수 있는 겨울 속의 여름을 상상 해본다.

에어 마카오

늘 그렇듯 예정시간보다 일찍 도착했다. 아직 여행사 직원도 보이지 않는다. 인천 공항에 올 때마다 느끼지만 세계 어느 공항에 견주어도 손색이 없다. 내가 탄 비행기는 에어 마카오 항공으로 처음 이용해보는 항공사다. 비행기는 국제선에 비해 규모가 작았으며 상당히 낡은 기종인 듯 했다. 승무원들의 기내 서비스는 보통이었으나 기내식사는 많이 실망스러웠다. 무엇이든 잘 먹는 내 식성에 강렬한 맛도 담백한 맛도 아닌 약간 느끼하면서 냉랭한 맛이랄까, 맛뿐만 아니라 내용물도 내 기준에는 부실했다. 식사를 제외하고는 큰 불만은 없었다. 어제 못다 잔 잠을 기내에서 청했지만 이제는 나이가 들어서 인지 쉽게 잠을 청할 수 없다. 할 수 없이 답답한 마음에 습관대로 좁은 기내 안을 앞뒤로 걸어본다. 눈치 채지 않게 승객들의 표정을 살피며 천천히 걸어본다.

마카오 여행

이번 여행의 목적이 앙코르 유적이기에 마카오 여행은 나에게 주어진 덤 같은 여행이라 큰 기대는 없었다. 사실 내가 가지고 있는 마카오에 대한 상식은 중국의 영토이면서 홍콩을 영국에 임대 했던 것처럼 서구 열강이 발호할 때 포르투갈에 임대했던 그래서 포르투갈의 영향을 많이 받은 곳이라는 정도였다. 마카오의 첫 인상은 중국의 여느 도시에 비하여 그리 더럽지 않다는 것. 그리고 한 겨울이 14도 내외로 사람이 살기에 좋은 날씨라는 것 정도다. 이후 마카오의 몇군대 대표적 관광지를 여행했지만 그렇게 인상에 남을 만한 곳은 없었다. 먼저 꼴로안섬의 프란시스코 성당은 아주 작고, 밝은 하늘색과 노란색으로 꾸며져 성당의 장엄함 대신 따뜻함을 느낄 수 있지만, 이는 우리나라 어느 유치원의 성탄절 분위기를 넘지 못하며 성 바울 성당 역시 오랜 역사를 간직 하지만 유럽의 많은 성당을 본 내 눈에는 그저 아류 정도로 치부한다면 지나칠까 싶다. 오히려 나를 기쁘게 한 것은 세나도 광장의 많은 사람과 활기찬 거리 그리고 맛 있는 음식 냄새였다. 그리고 여행의 마지막에 미국의 라스베이거스를 능가한다는 도시답게 카지노 천국이라는 마카오의 쎈스 카지노를 잠시 구경할 수 있었다. 카지노에는 대부분 마카오, 홍콩, 본토인으로 분류되는 중국인 들이 내부분이었고 나 같은 농양인 일부와 서양인이 조금 보인다. 그 곳에는 머리에 눈 맞은 사람부터 비 맞은 사람까지 모두 총기 어린 눈으로 판을 응시한다. 확실히 노름에는 사람을 몰입시키는 무엇 인가가 있다. 난 그들의 표정에서 인간의 진지함과 희로애락을 함께 본다.

시엠립 도착

마카오의 선선함과는 달리 시엠립 공항은 내 기대를 저버리지 않았다. 정말 오랜 만에 비행기 계단을 내려와 걸어서 출입국 사무실로 가는데 기대했던 열기를 안겨주었다. 겨울 속의 여름을 즐길 수 있구나 하는 생각이 들었다.

입국 심사대에서 여행사 안내판을 든 캄보디아 사람을 만나 우리의 여권과 비자피를 건넸다. 캄보디아 비자비는 미화 20불, 우리가 건넨 돈은 미화 25불로 차액은 소위 급행료로 생각하면 된다. 우리는 아무런 입국 심사 없이 심사대를 통과했고 현지 캄보디아 인은 노프라부럼(no problem)만 외쳐댔다. 작지만 아름다운 캄보디아 전통 형상으로 지어진 시엠립 공항의 첫 느낌은 노프라브럼이다.

앙코르 유적

앙코르 유적을 돌아보며 정말 잘 왔다고 수없이 생각했다. 앙코르톰(ANGKOR THOM), 바이욘 사원(BAYON), 바푸온 사원(BAPHUON), 코끼리 테라스(ELEPHANT TERRACE), 레퍼왕 테라스(LEPER KING TERRACE), 타푸놈 사원, 앙코르와트(ANGKOR WAT), 반데스레이 사원(BANTEAYSREI), 프레야코(PREAYHKO), 바콩사원(BAKONG) 등 톤레샵 호수를 제외하고는 3일 일정 거의 다를 사원과 왕궁터를 보았다고 할 수 있다. 앙코르 유적은 앙코르 왕조가 건설해 놓은 성과 신전들로 태국의 시암족과의 전쟁에서 패해 왕조가 멸망되고 도시는 사람이 떠나서 다시 자연으로 돌아가 긴 세월이 지난 지금 목재는 다 소멸되고 석재로 된 유물만이 남아있는 형국이다. 화산재에 묻힌 폼페이가 석재만 남아 있듯 이곳도 남은 유물만으로도 영화로웠을 그 시절을 상상하기 어렵지 않다. 모든 유적지가 규모가 다르고 예술성이 다르지만 건축 양식이나 기법 등은 동일하다. 하노이에서 왕궁을 방문했을 때 조금은 차이가 있지만 중국의 건축양식과 흡사한 느낌을 받았고 태국의 왕궁에서는 완전히 다른 새로운 느낌을 받았다. 이곳의 유물은 태국의 양식과 닮은 점이 있지만 태국과는 확연히 다른 새로운 느낌을 나에게 주었다. 사암을 이용하여 원하는 모양으로 쌓아올린 후 그 위에 부조를 하는 기법, 그리고 사면을 돌아가며 조각하였다. 분명 쉽지 않은 작업이었으리라. 또한 그 웅장하고 화려하면서 다소 몽상적인 모습이 내게는 새로운 충격이었다. 특히 앙코르와트의 크고 힘참은 강한 인상을 남겼고 반데스레이 사원의 세밀하고 아름다운 조각은 장인의 미소를 느낄 수 있다. 그리고 앙코르와트의 외부 해자에 고인 물에 비친 사원의 모습은 정말 압권이었다. 나름대로 세계를 여행하면서 많은 유적을 보았지만 아마 강한 인상을 남긴 곳이 될 것이다.

에피소드

앙코르 유적을 찾는 사람들은 필히 편안한 복장과 신발은 필수다. 특히 앙코르와트의 마지막 3층 신전을 올라가는 계단은 폭이 대략 10센티미터에서 15센티미터로 좁으며 경사각이 약 70도로 무척 가파르고 높이가 약 10미터 정도로 만만치 않다. 올라갈 때는 밑을 내려다보지 않고 네 발을 사용해 엉금엉금 기면서 조금 두려웠지만 할

만 했다. 문제는 내려오는데 계단이 있고 손잡이가 있는 그래서 덜 위험한 곳은 사람들이 줄을 상당히 길게 서서 적어도 삼십분은 기다려야할 눈치이다. 가이드의 제안으로 조금 위험하지만 그냥 손잡이가 없는 곳으로 내려가자는 제안에 순간 갈등을 느꼈으나 일행을 삼십분씩 기다리게 할 수는 없다. 나만 손잡이 있는 곳을 이용할 수 없어 일행과 함께 내려가려는데 젊은 것 들은 앞서 쏜살 같이 내려가고 위에서 살짝 보니 계단 끝이 보이질 않는다. 난 퍼질러 앉아서 한 발을 떼려하면 또 다른 젊은 것이 앞서고, 같이 내려가려다가 만약 한 사람이라도 미끄러지면 여러 사람 다칠 분위기라 이러지도 못하고 망설이다. 한 젊은이가 또 앞서 내려가려기에 내가 먼저 가겠노라고 얘기하고는 앞사람을 2미터 이상 앞세우고 모로 누워서 정말 오른발에 모든 힘을 주고 한 발 한 발 내려간다. 아래를 내려다보니 모두 나를 쳐다보는 것 같아 무섭다기보다는 망신당하기 싫어 아무 생각 없이 계단만 쳐다보고 내려왔다. 문제는 너무 오른발에 힘을 주고 긴장해서인지 평지를 걸을 땐 괜찮은데 계단을 내려가려면 오른발이 너무 아파 집에 올 때까지 오른발을 절룩거려야 했다.

사람들

캄보디아는 식민지배에서 벗어나 자유를 알기도 전에 오랜 내전으로 킬링필드라 불리는 학살을 겪은 나라이기도 하다. 대부분의 사람들에게서 자신감을 찾기 어려웠다. 어떤 사람은 오랜 식민지배와 내전으로 국민들은 지배 받는 것에 익숙하기에 약간은 거칠게 다루어야 한다는 이상한 논리를 펴는 사람이 있다. 우리말에 입장을 바꾸어 생각하라는 말이 있지 않은가. 당신에게 알팍한 대가를 주면서 무시

하고 부리려 한다면 당신은 참을 수 있는가. 난 아니라고 얘기하고 싶다. 인간의 무게는 그 사람이 살아온 세월의 방법에 따라 다소 차이가 있을 수 있다. 하지만 그 인간 자체의 무게는 동일하다. 그 가치 또한 동일하다. 대부분의 더운 나라 사람들이 우리 눈에 게으르게 보일수 있다. 또한 먹을 것이 지천에 있으므로 굳이 열심이 일을 안 해도 굶지 않기에 그들이 다소 게으를 수 있다. 하지만 그 것은 그들의 가치가 다를 뿐, 그들이 결코 열등해서는 아니다. 도로 옆에 한 작은 주차장을 시멘트로 포장하는 것을 지켜보았는데 두 명이 예전의 우리처럼 모래와 자갈 시멘트를 철판 위에서 섞고 있다. 아주머니 두 분이 이것을 날라다 붓고 또 다른 한 명이 정리를 하는데 섞는 작업이나, 운반하는 양이나 움직이는 동선 등을 볼 때 도저히 다섯 명이 일할 분량은 아니고 세 명이면 충분하다는 생각이 든다. 일하는 속도 또한 예전 새마을 근로사업처럼 시간이 가면 일당을 받는 그런 정도의 속도이고 보니 효율이라는 면에서 볼 때 아직은 많은 시간이 필요하다는 생각이 든다. 사람은 많고 인건비는 싸다보니 생기는 현상이리라. 우리가 식당에서 식사를 할 때도 항상 한두 명의 종업원이 식사 중에도 우리의 시중을 들기 위해 대기하고 있었다.

문화

유럽에 처음 갔을 때 그들의 많은 성과 성당을 보고 적잖은 충격을 받았다. 높은 산에 요새처럼 세워진 단단한 성과 웅장하고 아름다운 성당은 나를 왜소하게 만들었다. 여행을 계속하면서 영국에서 본 성당이 프랑스에 있고 독일에도 있고 이탈리아에도 있다. 그들의 유적 또한 비슷하다. 우리나라에는 불국사 건축과 같은 사찰이 통도사에도 있고 수덕사에도 있고 또한 전등사에도 있다. 우리나라에 있는 사찰이 일본에도 있고 중국에도 있다. 동북아 3국의 문화가 비슷하듯 유럽의 문화 또한 비슷하다. 우리는 나무와 흙이 가장 흔한 재료가 되어 나무와 흙으로 건축을 한다. 나무의 구조상 일정 이상 무게를 감당하기 어려움으로 높이 올라가지를 못한다. 그래서 자연스러우면서 소담한 내적 미를 갖는다. 유럽은 대리석이 흔한 나라이다. 석회질 성분의 땅에서 나오는 대리석은 아름다우면서도 처음 캐어냈을 때 부드러워 조각하기가 용이하다. 그리고 대리석은 시간이 지날수록 단단하게 굳어 그들만의 화려하고 아름다운 많은 건축물을 가지고 있다. 돌로 만들기에 높고 크게 만들 수 있고 시간도 많이 소요된다. 이렇게 사용하고 남은 돌은 길에 깔아 그들만의 문화를 만들어 갔다. 앙코르 왕조 역시 그들에게 흔한 사암을 이용하여(사암 역시 처음 캐어 냈을 때 부드러워 조각이 쉽다고 한다.) 이처럼 화려한 유적을 남겼을 것이다. 역시 그들만의 문화인 것이다. 우리는 서로 문화의 차이를 이해하고 받아들여야지 어느 것이 우월하고 낮은 것은 없다.

원 딸라

여행 하는 내내 나의 가슴을 짓 누른 것은 바로 '원 딸라'였다. 우리 나이로 대략 3살에서 7살쯤 되 보이는 어린 아이들이 조잡한 물건을 들고 '원 딸라'를 외치며 구걸에 가까운 판매를 한다. 중국의 변방 도시에서, 베트남에서 태국 일부에서 조금 가난한 국가의 관광지에서 흔히 볼 수 있는 풍경이지만 캄보디아는 정도가 조금 더 심하다. 신발을 제대로 신은 아이를 찾기 어렵고 진짜 어려워 보이는 아이를 조금씩 도와주고 싶어도 그 수가 너무 많고 또한 그들에게 베푸는 나의 값싼 동정이 결코 그들의 생활에 도움이 되지 않을 거라는 생각에 애써 외면해보지만 마음 한구석 우리나라의 없던 시절을 떠 올리며 무거운 마음을 버릴 수 없다. 사랑 받고 보호 받아야할 아이들을 거리로 내 몬 그 부모들을 용서할 수 없다. 지금 당장 배고파도 그 아이들은 캄보디아의 미래다. 부모가 굶더라도 그들은 가르쳐야 한다. 부모가 책임질 수 없으면 국가라도 책임져야 한다. 그래야 그들에게 희망이 있다. 우리 일행 중 일부는 그 아이들 흉내를 내고 조소하는 듯한 인상을 받았으며 현지 가이드는 대놓고 무시하는 것이 보인다. 이미 성인들은 나름대로의 가치관이 있고 자신의 행동에 책임을 지지만 일행 중 중학생이 둘이 있었다. 그 아이들에게 조금 못사는 나라 사람들은 무시해도 되는 선입견을 심어주지나 않을까 걱정이 앞선다.

톤래샵 호수

동양에서 제일 넓은 호수, 세계에서 세 번째로 큰 호수 톤레샵 호수에 따라다니는 설명이다. 크다는 것이 그리 중요하지는 않다. 배를 타고 나아가니 맹그로브 숲을 지나 정말 수평선이 보인다. 좌에서 우로 한 선을 죽 그어 놓은 수평선 그 너머로 하늘 밖에 보이는 것이 없다. 수상촌 마을이라는 곳을 보았다. 잘 사는 집은 그럴 듯하게 꾸며놓은 집도 있고 정말 가난한 집은 바나나 잎으로 얼기설기 엮은 집으로 동화책에 나오는 늑대가 후 불면 날아가 버릴 그런 집이 더 많다. 가난 하지만 여기 사람들은 행복하다고 설명을 한다. 하지만 난 그들의 표정에서 행복을 읽지 못했다. 무기력하고 체념하고 그냥 삶을 받아들이는 것일 뿐, 밝은 것은 역시 아무것도 모르는 천둥벌거

숭이 아이들뿐이다.

사회

한 마디로 '혼돈'이라 말하고 싶다. 제대로 된 산업 시설이 없고 법과 제도가 정비되지 않아 시엠립에 굴러다니는 차량의 절반은 번호판이 없는 무적차량이고 운전대가 오른쪽에 있는 영국, 일본식 차량과 운전대가 왼쪽에 있는 우리나라, 미국식 차량이 혼재해 있다. 리알 이라는 화폐가 있지만 관광지인 이곳은 딸라가 혼재돼 사용된다. 사회주의 경제를 벗어나 자유주의 경제를 실천하고 있으나 아직은 정착되지 않은 사회 그래서 많은 기회가 보이고 또 많은 사람들이 덤벼들어 실패를 하기도 하는 곳 자전거와 오토바이가 주요 교통수단이고 태국처럼 '뚝뚝이'라는 오토바이 택시를 흥정하고 타야한다

평양랭면집

이곳에는 북한 정부가 직접 운영하는 '평양랭면'집이 있다. 식사를 하면 우리에게도 잘 알려진 "반갑습니다."를 비롯하여 정치색이 없는 노래 몇 개와 바이올린 연주 그리고 가벼운 춤 공연을 볼 수 있다. 평소에 북한 사람을 볼 수 없었던 나는 냉면을 먹자고 하여 가서 보았다. 50년 세월의 어느 정도 입맛을 바꾸어 그들의 음식이 맛있다는 생각은 안 들었지만 정성이 담긴 음식과 가식적이지 않은 그들의 환대를 느낄 수 있었다. 종사하는 여성 접대원은 북한에서 교육 받고 보내어진 여성들로 서울의 여성들처럼 세련되고 화사하지는 않지만 젊고 아름다웠으며 사진을 부탁하는 나에게 밝은 미소로 응해 주었다. 내가 이데올로기를 애기할 필요는 없지만 새삼 분단의 아픔을 느

낄 수 있다.

인연

단체 관광을 하게 되면 대개의 경우 새로운 사람을 만나게 된다. 아무래도 처음 만나는 사람 이다보니 서먹서먹하다가 며칠이 지나면 조금씩 가까워진다. 4박5일의 시간은 그래서 더 아쉽다. 여행은 관광만이 목적이 아니다. 현지를 이해하고 문화를 체험하는 것도 중요하지만 새로운 사람과 다른 생각을 공유 하고 서로의 이해를 맞추어 가며 조금씩 양보하고 나를 줄여 전체의 기준에 맞추는 것 또한 큰 배움이다. 이번 여행도 조금만 더 길었더라면 좋은 인연을 가질 수 있을 텐데 하는 아쉬움이 남는다.

희망

앙코르유적 관광 마지막 날이다. 우리를 안내하던 현지 가이드는 우리말을 인사 몇 마디를 제외하고는 모른다. 하지만 그는 언제나 우리에게 친절하다. 한국 가이드의 지나친 구박과 잡심부름에도 그는 언제나 열심히 일했다. 그런 그가 우리들에게 파인애플을 샀다. 위에서 얘기한 '원 딸라' 아이들한테 심하게 시달리고 있을 때, 그가 우리에게 과일을 샀다. 어쩌면 그에게는 큰돈 일 수 있는 비용을 지불했다. 이제 이름도 아스라하지만 난 그의 표정에서 캄보디아인의 자존심을 읽었다. 우리가 대화는 불가능하지만 난 그의 행동과 표정에서 자본 앞에 비굴할 수밖에 없는 그들의 현실을 인정하면서 그래도 마지막 자존심만큼은 지키고 싶은 그의 표정을 읽었다. 내가 너무 앞선

것인지 모르지만 난 비행기에 탑승하기 위해 인사를 하며 작은 지폐 한 장을 쥐어 주었다. 이것이 그에게 큰 도움이 될지 모르지만 난 그를 통해 캄보디아의 희망을 보았다.

기행문을 마치며

우리는 '다르다'와 '틀리다'를 혼동하면서 산다. '틀리다는 잘못된(fault)것'이고 '다르다는 상이하다(different)'의 의미이다. 우리는 살면서 나와 다르면 '틀리다'라는 생각을 갖고 행동하기 쉽다. 이제 비행기를 타고 서너 시간이면 겨울에서 여름으로 간다. 이것은 요술이 아니라 현실이다. 나와 내 것이 소중하면 너와 남의 것도 소중히 생각할 줄 알아야 한다. 남의 문화와 사회를 인정 하는 것 그것이 세계인의 마음 자세이며 여행자의 마음이기도 하다.

보흘 여행

사람이 살면서 하고 싶은 일을 다 하고 살 수는 없을 것이다. 하지만 시간 과 금전이 허락한다면 '아마 작은 희생은 필요할 것이다.' 최대한 하고 싶은 일은 해보라고 권하고 싶다.

나이 쉰을 넘기며 『버킷리스트』라는 책을 읽었고 나름 리스트를 작성해 보았다. 나에게 스쿠버다이빙은 그 하고 싶은 일 중의 하나였다. 한 번도 경험해보지 못한 일이라 내가 얼마나 좋아하는지 알 수 없어서 최소한 티브이에서 보았던 작렬하는 태양 아래 에메랄드빛 바다에서 기기묘묘한 산호와 수많은 형형색색의 열대어족들, 그리고 하늘거리는 수초들 사이를 다니는 열대바다……. 다이빙을 한 번은 꼭 해 보리라 마음먹었다.

요즘이야 신혼여행을 해외로 많이 가고 또 국내에도 체험다이빙이라는 프로그램으로 바다 속 구경이 그리 여려운 일이 아니지만 예전에는 꿈도 꾸기 어려운 일이었다.

학교를 마치고, 군대 갔다 오고, 공직생활을 시작하며 장가가고 아이 낳고 회사일과 집안일 등 생각도 못 하다가 죽기 전에 해보고 싶은 일 목록에 올리고도 여건이 맞지 않아 미루고 미루다 우연한 기회에 스쿠버다이빙을 즐기는 후배와의 인연으로 스쿠버 다이빙 입문을 하게 되었다.

가족을 모아놓고 스쿠버다이빙을 배우겠노라, 혹시 함께 배우고 싶은 사람 있는지 물었는데, 의외로 가족 모두가 함께 배우게 되었다. 스쿠버다이빙 교육을 요약하면 물속으로 깊어질수록 기압이 높아져 여러 가지 현상이 발생한다. 교육은 이에 대한 이론교육과 5M 깊이 수영장에서 실습교육 2일, 그리고 바다 실습 2일 모두 4일간의 교육으로 이루어진다. 특히 실습 교육은 물속의 상황에서 일어날 수 있는 안 좋은 상황을 실제로 연출하고 이를 타개하는 방법 즉 호흡기 고장으로 호흡이 안 될 때, 수경 속으로 물이 들어올 때 대처방법 등 교육을 마치고 자격증을 받았다.

드디어 가족들과 함께 필리핀 보홀로 다이빙을 다녀왔다. 세계 5대 다이빙 포인트 중 한군데라는 발리카삭섬에서 다이빙을 했다. 물속은 내가 간절히 원하는 만큼이나 두려운 존재였다. 물에 뛰어드는 그 순간은 항상 긴장하며 망설이다 뛰어들었다. 지도하시는 분과 다이빙샵의 사장님 그리고 스텝들이 나를 지켜줄 것이라는 믿음과 물속의 딴 세상이 용기를 주어 가능했다. 물론 물속에서는 나름 편안하고 용궁이 있다면 이렇게 생겼을 것이고 토끼를 태운 거북이가 내 앞을 지나가며 운이 좋으면 가슴을 드러낸 인어가 날 반기지 않을까 생각도 해본다.

난 내가 행복한 사람이라 생각한다. 하고 싶은 일을 다 할 수는 없으나 그래도 많은 부분할 수 있고 또 가족과 함께 할 수 있으니 같이 한 두 딸아이에게 좋은 경험과 새로운 세상을 보여준 것이 가장 의미 있는 일이고 물속에서 마누라 손잡고 사진을 찍은 사람이 세상에 얼마나 있을까! 그래서 난 행복한 사람이다.

이번 여행에서 가장 좋았던 것은 편안함 그 자체였다. 아침에 일어나 문을 열고 나가면 따듯한 바람과 푸른 바다 그리고 점점이 떠있는 방카선, 동내 아이들과 개들이 뛰어다니고 해먹은 바람에 건들거리며 주인을 기다리는 엽서에서 보던 안락함 그 자체였다. 밥을 먹고 어디를 부지런히 돌아다니는 관광이 아닌 말 그대로의 휴가 또 따뜻한 밥과 정겨운 일행이 더하여 더욱 좋았다. 과하면 부족한만 못하다지만 3일의 휴가는 아쉬움으로 남는다.

이번 여행에서 돌아와 죽기 전에 해보고 싶은 일 8가지 중에 또 하나를 지웠다. 그렇게 세상에서 나를 하나씩 지워가며…….

일본 여행

오월 십구일 아침 아홉시 김포에서 하네다까지 대한항공 KE2707편을 타고 출발 오월 이십팔일 대한항공 KE2710편으로 귀국하는 열흘간의 일본 출장을 다녀왔다.

특히 이번 출장은 내가 기획하고 추진한 출장이라 더욱 애착이 갔다. 어떤 형태로든 일본신호와 기술제휴를 하고 그들의 물건이 납품되는 이상 일본 출장은 예견된 것이나, 교육 내용이 유지보수자 위주로 짜여있어 실무를 담당하는 김포에서 이러타할 기술 교육이 없는 것이 아쉬워 관리자교육이라는 이름으로 우선 실무자부터 교육을 받도록 계약내용 일부를 조정하였다. 김포건설 담당 직원을 2개조로 편성하고 우선 나와 서울메트로의 OOO과장, 현대로템의 OOO과장 등 세 명이 교육을 받게 됐다. 사실 세 명 다 신호 초보자도 아니고 교육 내용의 상당수 원리는 알고 있지만 실제 물건을 보고, 동작시켜 보고, 실제 운행되는 것을 보는 것이 이번 교육의 목적이었다. 그래야 확신을 가지고 시공관리를 하며 예견되는 문제점, 또 시공 중 발생할 문제점에 대하여 고민하고 답을 찾을 수 있을 것이다.

일본, 그리고 일본인

가족들과 일본 여행을 한번 해봐서 이번 출장이 설레거나 특히 긴장되는 일은 없다. 다만 요즘 한일관계가 그리 좋지 못해서 한국과 가장 가까운 이웃 일본을 다시 한 번 생각하게 된다. 영국과 프랑스가 서로 앙숙이 듯 한국과 일본 사이 또한 마찬가지이다. 나에게 일본이라는 나라가 어떠냐고 물으면 "나쁘지는 않지만 좋다고 말하기 어렵다."고 말하련다. 세계를 가만히 돌아보면 대개 이웃한 국가와 사이가 좋지 않다. "이웃이 땅을 사면 배가 아프다"는 논리가 아니라 어느 한쪽이 힘이 세지면 가장 가까운 이웃에 위험이 된다. 실제로 영토 문제로 많은 분쟁을 겪었고 그 또한 현재 진행형이다. 한국과 일본이 절친은 될 수 없더라도 서로에게 위해가 되지 않는 이웃 이었으면 생각해본다.

그리고 이번출장에서 만난 일본인이 몇 명 있다. 우선 영업본부장, 영업파트너, 담당부장, 그리고 우리를 가르쳤던 OOO, 본부장 OOO씨는 상당히 한국을 좋아하고 이해하려고 노력하는 사람으로 보였다. 물론 영업하는 사람으로 몸에 밴 친절과 립서비스일 런지도 모른다. 하지만 어느 정도 진정성이 느껴진 것도 사실이다. 담당자는 아마 작년에 계약 후 한국에서 처음 인사를 나누었지만 여성으로 호감이 가지 않는 외모에 붙임성이 부족한 것인지 약간 쌀쌀맞은 것인지 아니면 많이 긴장한 것인지 그저 그런 처음 인상이었다면 이번 만남은 일본이라 편해서인지 씩씩하고 또 까만 정장이 잘 어울리는 귀여운 여성으로 보여 졌다. 일본어를 못하는 나와 속 깊은 얘기를 나눌 수는 없었지만 처음과는 다르게 호감을 느꼈다. 담당부장은 기술자지만 밝고 활달한 성격으로 대화를 이끌려고 노력하는 모습이었고, 마지막으로 가르친 OOO는 입사 칠 년차 총각으로 대단한 열정과 또한 한국을 이해하려고 노력하는 모습이 참 보기 좋았다. 일본 시스템은 물론 일본인이 더 많이 알고 잘 하겠지만 현장 실무와 보수 신호분야 일반적인 지식은 어쩌면 우리가 더 많을지도 모르는데 가끔씩 오버해서 가르치려고 하는 것을 보면 재미있기도 하고 아무튼 순수하고 조금은 부족한 듯한 OOO에게 박수를 보내고 싶다.

업무상 출장으로 그들과 정치적인 얘기는 나누지 않았지만 그들이 우리 일행을 환대하고 잘 해주려고 노력하는 모습은 진정 고마웠다.

일본 도심과 교통수단

일본 도착 후 떠나올 때까지 내가 본 일본의 도심은 참 깨끗하다는 느낌이었다. 특별히 거리를 청소하거나 정비하는 모습은 보이지 않았는데 공기가 맑아서인지 거리는 늘 깨끗했고 하늘은 참 푸르렀다.

그리고 또 하나 도쿄나 오사카 같은 큰 도시를 제외하고는 내가본 대부분의 중소도시는 역을 중심으로 발달했으며 대부분이 이차선 도로로 자동차가 다니기에 다소 불편해보였으며 국민 대부분이 근거리를 제외하고는 열차를 이용하는 편이었다. 열차는 골고루 잘 발달되어 열차를 이용해서 이동하게에 별다른 불편을 못 느끼는 것 같다. 아침마다 출근하는 남편, 또는 학생을 태워다주는 운전하는 여성을 많이 볼 수 있고 또한 자전거를 타고 와서 자전거 주차장에 주차한 후 열차를 이용한다.

일본의 삶

며칠 일본에 체류하며 일본인의 삶 운운하는 것이 건방진 얘기라

할지라도 내가 느낀 소감은 그리 행복해 보이지 않았다. 한국과 비교한 삶이 아니라 인간의 보편적인 삶에서 보면 그렇다는 것이다. 그들의 많은 소득도 높은 물가에 비하면 많은 것이 아니며 친절하고, 양보하고, 절제된 삶이 좋게 보여지기는 하지만 인간의 본성과 배반되고, 참고 억누르고 의미 없는 웃음은 행복이 아니다. 차라리 조금 덜 먹고 덜 치장하고, 다소 불편해도 환한 웃음을 지을 줄 아는 동남아인의 삶이 더 좋아보였다.

아리스(Alice)

이번 일본 여행에서 아리스 방문 경험을 얘기하지 않을 수 없다.

내가 일본에 대하여 가진 편견 중에 하나가 일본은 성(性)적으로 문란한 나라라는 인식이다. 어릴 적에 들어본 혼욕 문화라든가 조금 커서는 일본의 포르노 산업을 접하게 되고 가끔씩 한국의 아가씨들이 일본 술집에 취직해 몸도 마음도 버리는 가십 기사를 종종 접하다 보니, 어느새 내 머릿속에는 일본은 우리보다 훨씬 성이 개방된 국가라는 인식이 자리 잡았었다. 그런데 이번 아리스(일본의 대중적인 술집) 방문은 나에 선입견을 여지없이 부숴버리는 대단한 사건이었다. 술을 좋아 하지 않는 내가 일본에서 여성 종업원이 있는 술집에 딱 한 번 가보고 일본의 술집 문화를 얘기하는 것이 어불성설이라는 것을 안다. 하지만 아리스가 대표성을 가지는 술집이라면 분명 다시 생각해 보아야한다. 아리스의 분위기는 개방된 넓은 홀에 대략 네다섯 개의 테이블이 배치되어 있고, 종업원이 마주앉아 술을 따라주고 대화를 나누는 분위기로 절대 퇴폐적일 수 없으며 나름 새로운 매력을 가지고 있다. 우리 외에도 일본인들로 이루어진 팀이 둘쯤 있었는데 술 마시고 노래 부르는 것 이외에는 종업원이랑 세상사는 이야기 조금은 야한 농담 등이 전부였다. 아무튼 새로운 경험이었다.

오사카 성

오사카성은 우리가 너무나 잘 아는 토요토미히데요시, 그리고 토쿠가와이에야스 등 임진외란을 일으킨 장본인들의 성이다. 성의 크기는 작았지만 그 견고함은 정말 대단하다. 두 겹의 해자를 지나야 성 앞에 도달하고 약 십 미터의 돌 성벽을 올라야 성내 진입이 가능하다. 일본의 전국시대를 통일한 토요토미히데요시가 얼마나 많은 전쟁을 치렀으며 또 얼마나 많은 인명이 성벽 아래서 죽어갔을까? 그렇게 피로 쌓아올린 성이 오사카성이며 작지만 그 위용만은 대단하다.

교토, 나라

일본의 경주라고 생각하면 얼추 맞을 것이다.

교토의 첫 인상은 참 조용하다. 도쿄나 오사카에 비하면 작은 도시이며 번잡하지 않고 오밀조밀한 시가지 구성이 마음을 편안하게 한다. 금각사, 은각사 등 일본의 사원과 진짜 일본이 있는 곳이다.

일본인과 종교

일본의 젊은이는 교회에서 가까운 사람을 초대해 결혼식을 하고, 매년 사원(일본식 기도처)에 가서 축원을 받고, 죽으면 스님이 와서 장례를 치러 준단다. 내가 보기에 그들은 다양한 신을 믿으며, 특정 신앙에 깊은 관계를 맺는 것 같지는 않다.

일본과 매뉴얼

일본에서 토쿠가와이에야스를 모시는 사원을 찾았다. 일본신호 관계자의 도움으로 우리 일행을 사원 직원의 안내를 받으며 구경을 했고 거의 마지막에 우리는 한 방으로 안내 되었다. 특별한 비용을 지불 한 사람에 한해 큰 사원이 아닌 작은 방에서 사원의 관계자가 전통 복장을 하고 우리를 비롯한 십여 명에게 축원을 해주는 기도가 시작되었다. 우리는 일본어를 모르고 고요한 가운데 통역이 설명하기도 이상한 분위기에서 축원은 계속 되었고, 십 분 정도를 계속 듣고 있을 이유가 없어 우리 일행은 눈짓을 하고 뒷걸음으로 조용히 방을 빠져 나왔다. 그때 우리를 안내하던 여직원이 달려와 다시 들어가란다. 우리는 무슨 말을 하는지 알 수 없고 내용을 통역할 수도 없어 그만 듣겠다고 했더니 안 된단다. '왜 안 되느냐?'고 물으니 매뉴얼에 없단다. 그래도 우리가 거부하자 그녀는 매니저를 불러왔고, 매니저 또한 매뉴얼에 없어서 끝까지 들어야 한단다. 결국 우리는 사원을 나가겠다고 하니 그럼 된단다. 일본이 매뉴얼을 잘 지키는 것은 알았지만 조금 심하다는 생각을 했다. 그들의 정신이 좋은 물건을 실수 없이 만드는 이유겠지만 창의성이나 임기응변은 우리만 못하다 느꼈다. 일본 사원(종교적)에 관심도 없는 외국인에게 일본말도 모르는데 아무리 좋은 축원도 너무 길면(보통 삼십 분 정도 한단다) 싫을 수도 있는데 손님을 안내하는 매뉴얼에 없다고 이미 밖으로 나온 사람을 다시 들어가라니 조금은 어의가 없었다.

일본과 열차

일본은 우리보다 열차 시스템이 많이 발달한 나라다. 국가에서 운영하는 철도도 있지만 개인이 운영하는 사철이 더 많다. 그러다보니 짧은 구간을 운행하는 특이한 열차가 많다. 신간센처럼 고속열차도 있지만 우리나라 옛날 비둘기호(완행) 열차 수준의 속도로 다니는 구간이 훨씬 많고, 지역 특성을 살린 작지만 특이한 열차는 관광수단이 되기도 한다. 고속화로 시간을 줄이고 효율화 하는 것은 중요하다. 하지만 우리나라 옛날 수인선(협궤) 같이 특이하고 개성 있는 열차를 획일화하는 것은 아쉽다.

이 도서의 국립중앙도서관 출판예정도서목록(CIP)은 서지정보유통지원시스템 홈페이지(http://seoji.nl.go.kr)와 국가자료종합목록 구축시스템(http://kolis-net.nl.go.kr)에서 이용하실 수 있습니다. (CIP제어번호 : CIP2020039275)

우제학 문집

초판인쇄일 2020년 9월 21일
초판발행일 2020년 9월 25일

지은이 : 우제학
발행인 : 김순진
편집장 : 전하라
디자인 : 김초롱
펴낸곳 : 문학공원
등 록 : 2004년 3월 9일 제6-706호
주 소 : 우편번호 03382 서울 은평구 통일로 633
녹번오피스텔 501호 스토리문학사
전 화 : 02-2234-1666
팩 스 : 02-2236-1666
홈페이지 : http://cafe.daum.net/yob51
이메일 : 4615562@hanmail.net

※ 책값은 뒤표지에 있습니다.